Vorwort der Autorin

In diesem Buch geht es um einen Mann, der den Mut hatte, seine vertraute Welt zu verlassen und seine persönliche Sicherheit aufs Spiel zu setzen, weil er nicht damit leben konnte, dass sein Volk sich zum Götzendienst verführen ließ. Elia wagte sich in die Höhle des Löwen – den königlichen Hof im Nordreich Israel –, um seinem König zu sagen, dass Gottes Geduld zu Ende war und sein Urteil über Israel kommen würde.

Elia war nicht der Mensch, der nach den Nachrichten am Fernsehen den Kopf über all das Schlechte in der Welt schüttelt, dann aber zur Tagesordnung übergeht. Dieser Mann war ein Beter, er besprach alles – so auch seine Sorgen um sein Land und sein Volk – mit seinem Herrn. So kam es, dass er sich, von Gott bewegt, in Bewegung setzte und nach Samaria zog. In den Jahren nach seinem Auftritt am Hof entdeckte er, dass Menschen, die leidenschaftlich mit und für Gott leben wollen, persönliches Leid in Kauf nehmen müssen. Er entdeckte aber auch, wie gut es ist, wenn man als Kind Gottes seinem Ruf folgt.

Die Geschichte Elias, der sich dem König vorstellte als „einer, der vor Gott steht", ist abenteuerlich, beeindruckend, beängstigend und auffallend aktuell. Dieser Mann, der sein Volk herausforderte, zum Herrn zurückzukehren, war ein Einzelner gegenüber vielen. Als klar wurde, dass Gott auf seiner Seite stand, wurde er verfolgt.

Dieses Buch ist für Menschen geschrieben, die neugierig darauf sind, was aus einem Leben, das Gott ganz hingegeben ist, werden kann. Lesen Sie diese alte Geschichte von Elia und entdecken Sie

10

Wichtiges für Ihr eigenes Leben. Die Fragen nach jedem Kapitel eignen sich für den persönlichen Gebrauch und auch für Gruppengespräche. Die Fußnoten geben dem interessierten Leser Hinweise, um noch tiefer zu graben.

Elia ist so eine faszinierende Figur, dass schon viel über ihn geschrieben wurde. Den Autoren der Elia-Bücher, die ich las, bin ich dankbar für ihre Einsichten, die mir ein Gewinn waren. Danken möchte ich auch meinen Freunden, die zu intensiven Diskussionen über Elia bereit waren und die mir beim Suchen nach der einen oder anderen Information halfen. Ohne ihre Beteiligung wäre dieses Projekt bestimmt weniger spannend gewesen!

Soest NL, Februar 2012

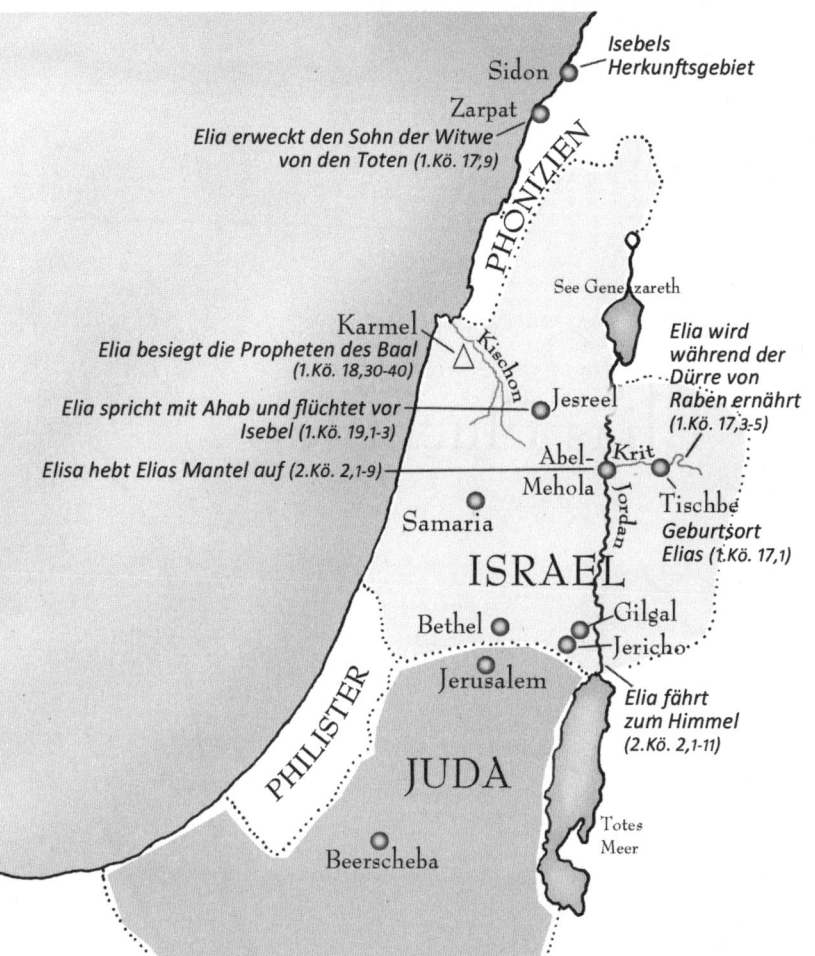

Isebels
Herkunftsgebiet

Sidon

Zarpat

Elia erweckt den Sohn der Witwe
von den Toten (1.Kö. 17,9)

PHÖNIZIEN

See Genezareth

Karmel

Elia besiegt die Propheten des Baal
(1.Kö. 18,30-40)

Elia wird
während der
Dürre von
Raben ernährt
(1.Kö. 17,3-5)

Elia spricht mit Ahab und flüchtet vor
Isebel (1.Kö. 19,1-3)

Kischon

Jesreel

Elisa hebt Elias Mantel auf (2.Kö. 2,1-9)

Abel-
Mehola

Krit

Tischbe
Geburtsort
Elias (1.Kö. 17,1)

Samaria

Jordan

ISRAEL

Bethel

Gilgal

Jericho

Jerusalem

Elia fährt
zum Himmel
(2.Kö. 2,1-11)

PHILISTER

JUDA

Totes
Meer

Beerscheba

Israel zur Zeit Elias

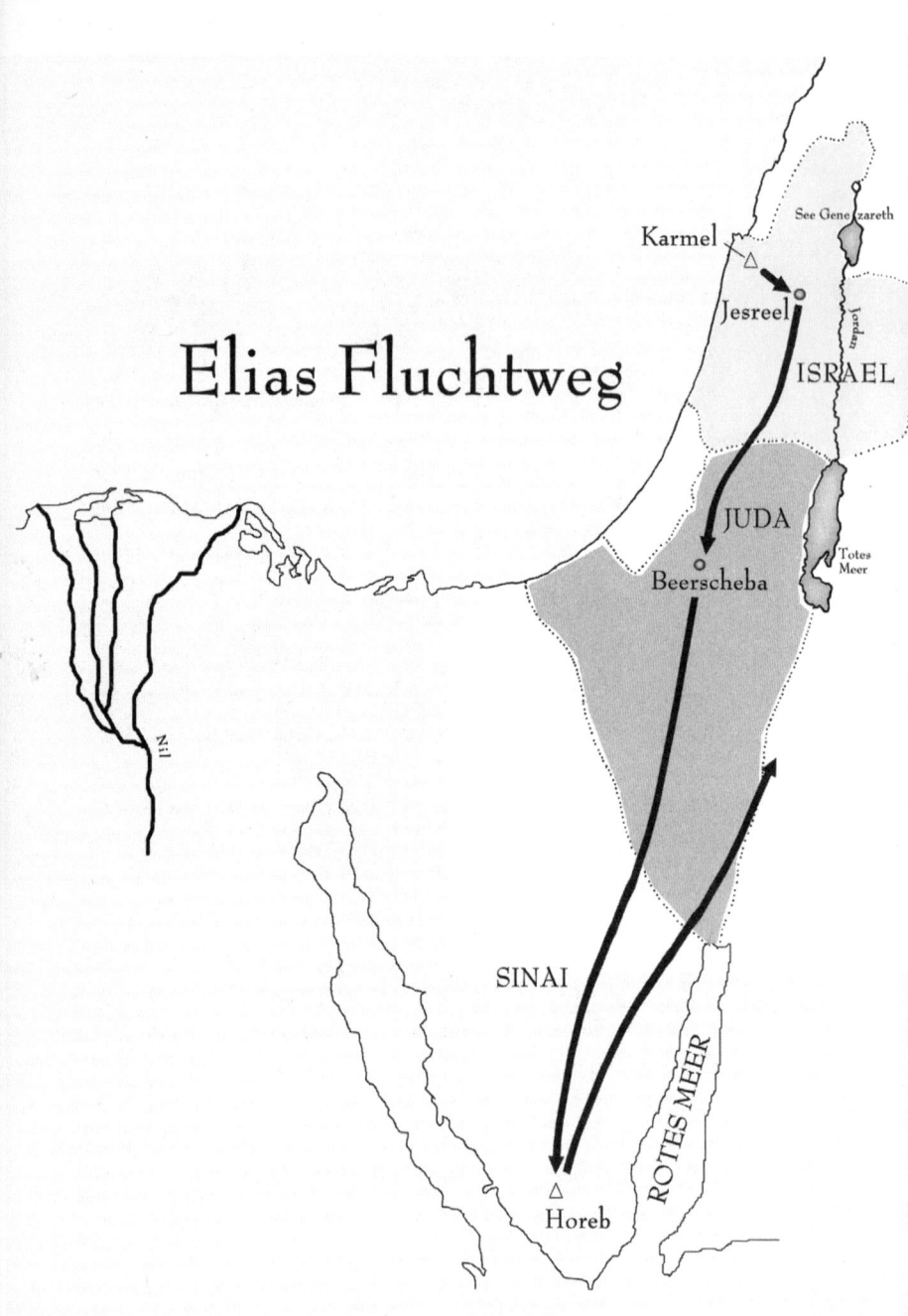

Elias Fluchtweg

Karmel

Jesreel

ISRAEL

See Genezareth

Jordan

JUDA

Beerscheba

Totes Meer

SINAI

ROTES MEER

Horeb

Nil

KAPITEL 1
VON GOTT BEWEGT:
VON GILEAD ZUM HOF ISRAELS
1. Könige 17,1

Und ich hörte die Stimme des Herrn, der sprach: Wen soll ich senden,
und wer wird für uns gehen? Da sprach ich: Hier bin ich, sende mich!

Jesaja 6,8

Und Elia, der Tischbiter, aus Tischbe in Gilead, sagte zu Ahab:
So wahr der Herr, der Gott Israels, lebt, vor dem ich stehe,
wenn es in diesen Jahren Tau und Regen geben wird, es sei
denn auf mein Wort!

1. KÖNIGE 17,1

Am königlichen Palast des Nordreichs Israel werden wir Zuschauer eines Einakters. Der Spieler (es gibt nur ihn) ist gekleidet in einen einfachen Mantel aus Kamelhaaren. Das Einzige, das wir im Programmheft über ihn lesen, ist, dass er aus Tischbe in Gilead stammt. Aber das ist interessant: Als dieser Mann die Bühne betritt, zieht er gleich die ganze Aufmerksamkeit auf sich. Sein Auftritt imponiert, weil er nicht gespielt, sondern echt ist. Als er seine wenigen Worte gesprochen hat, herrscht eisige Stille im Saal. Und dann ... ist er weg. So abrupt wie dieser Mann auf der Bühne erschien, so abrupt verschwindet er jetzt hinter den Kulissen. Er wird nicht wiederkommen, nicht einmal für einen Applaus.

Gottes Volk hat sich schon seit langer Zeit zum Götzendienst verführen lassen. Das intensiviert sich unter der Regierung von König Ahab, von dem gesagt wird, dass er in die Fußstapfen Jerobeams trat.[1] Während seiner Regierung (871–852 v. Chr.) gerät Gottes Volk ganz in den Bann des Baalsdienstes mit seinen unmoralischen und perversen Ausschweifungen. Gottes Volk lässt sich zu extremen Dingen verführen. Auf den Feldern haben Menschen in aller Öffentlichkeit Sex, weil sie darauf hoffen, dass das zu einer guten Ernte führen wird. Es wird Selbstverletzung praktiziert, um eine Reaktion Baals hervorzurufen. Bei Fruchtbarkeitsriten ritzen Menschen sich mit Messern bis aufs Blut, und Mütter werden dazu gezwungen, ihre Babys ins Feuer zu werfen, wo sie als Opfer für die kanaanitischen Götter bei lebendigem Leib verbrennen.

Wie konnte es nur so weit kommen? Nun, der böse Geist im Palast ist Isebel, die Frau Ahabs, eine Tochter des heidnischen Priesterkönigs Elbaal aus Sidon. Ihre Heirat mit Ahab, die wahrscheinlich aus politischen Gründen arrangiert wurde (eine Allianz mit Phoenizien sollte Israel stärker machen), hat verheerende Folgen für das Land und das Volk. Die 950 heidnischen Priester, die die neue Köni-

---

1 Nach dem Tod König Salomos haben sich 930 v. Chr. die zehn Nordstämme Israels vom Süden getrennt. In 1. Könige 12,26-32 lesen wir, welche Maßnahmen Jerobeam, der erste König des Nordreiches, traf, um die geistliche Verbundenheit des Nord- und Südreiches zu durchbrechen und sein Volk von Jerusalem im Südreich Juda fernzuhalten. Damit begann ein starker geistlicher Niedergang in Israel.

gin aus ihrer Heimat mitgebracht hat, gehören jetzt zum königlichen Hof, sie essen *„an Isebels Tisch"*.[2] In Samaria wurden ein Baalstempel und eine Aschera errichtet.[3] Auch beim Sommersitz des Königs in Jesreel soll es einen Baalstempel gegeben haben. Die Königin, die in ihrer Ehe und damit auch am Hof das Sagen hat, setzt alle Hebel in Bewegung, um den Baalsdienst zur offiziellen Religion Israels zu machen. Es scheint alles planmäßig zu verlaufen, dennoch hat Isebel die Rechnung ohne den Wirt gemacht. Sie mag viel Macht haben, aber nicht sie hat das Sagen, sondern Gott.

Östlich des Jordans liegt die Provinz Gilead. Dieses Gebiet, das bei der Verteilung des Landes den Stämmen Ruben und Gad und dem halben Stamm Manasse (den Nachkommen des zweiten Sohnes Josefs) zugeteilt wurde, ist einst beschrieben worden als „die Provinz, wo alle Kultur aufhört und die Wüste beginnt". Es ist ein rohes, gebirgiges Gebiet und als solches ein beliebter Zufluchtsort für Menschen, die auf der Flucht sind. Auch Jakob und David haben sich dort aufgehalten, als sie sich vor Laban bzw. Absaloms Truppen verstecken mussten.[4] Gilead ist auch sehr fruchtbar; außer Wäldern gibt es saftige Wiesen und eine reiche Flora. Der Balsam Gileads, der sogar in einem alten Negro-Spiritual besungen wird, ist zu dieser Zeit schon bis weit über die Grenzen bekannt gewesen.

Aus diesem Gebiet stammt Elia, der Mann, um den es in diesem Buch geht. Von seinem Hintergrund wissen wir kaum etwas. Aus seiner Kleidung – er trägt einen Kamelhaarmantel – könnte man schließen, dass er zu den vielen Einwohnern Gileads gehört, die von der Vieh- und Schafzucht leben. Was seine Person betrifft, bringt uns Jakobus etwas weiter. Er beschreibt Elia als einen Mann *„von gleichen Gemütsbewegungen wie wir"*, der *„inständig betete"*.[5]

Dieser Elia ist der Mann, durch den der Herr im Nordreich etwas

---

2 1. Könige 18,19

3 Aschera war die kanaanitische Muttergöttin, ihr hölzernes Abbild wird auch Aschera genannt, siehe z. B. 5. Mose 16,21

4 Siehe 1. Mose 31,21-55 (Jakob) und 2. Samuel 17,22 ff. (David)

5 Jakobus 5,17

bewegen will. Sein unerwartetes Erscheinen am Hof Samarias in 1. Könige 17,1 ist der Beginn einer langen, faszinierenden Geschichte. In den Jahren danach wird Elia ein kräftiges Instrument in Gottes Händen. Für das Königspaar im Nordreich wird er ein Pfahl im Fleisch. Denn immer wenn Elia auftaucht, bringt das Unruhe.

GEBET BEWEGT

Wie soll man das verstehen, was Jakobus über Elia sagt? Nun, dieser Prophet war ein normaler Mensch, das zuerst. Wir können uns darüber freuen, denn mit normalen Menschen kann man sich eher identifizieren als mit Helden. Jakobus sagt aber noch etwas über Elia: er war ein Beter. Eigentlich sagt Jakobus, dass Elia *betend betete*. Dieser Mann aus Gilead sprach nicht nur dann und wann mit seinem Gott, er suchte ihn nicht nur dann, wenn die Not am größten war, sondern andauernd. Elia war ein Mann Gottes, für den die Verbindung zu Gott an erster Stelle kam. Er lebte betend. Er wandelte mit Gott.

Gebet ist nicht ohne Risiko. Fürbitte bewegt etwas. und zwar nicht nur im Himmel, sondern auch beim Beter selbst. Als zum Beispiel Nehemia für die Stadt Jerusalem, die in Trümmern lag, zu fasten und zu beten begann, wurde ihm allmählich klar, dass er selbst beim Wiederaufbau der Stadt Gottes helfen sollte. Nicht lange danach gewährte ihm sein Vorgesetzter, der König des Persischen Reiches, einen Sonderurlaub, und Nehemia zog nach Jerusalem.[6]

Auch Elia erfährt, dass Gebet nicht ohne Risiko ist. Als er für sein Land und sein Volk betet, wird ihm klar, dass er selbst zum Königshof Israel gehen muss, um Ahab das Urteil Gottes über Israel in der Form einer langen Zeit ohne Regen anzukündigen. Wie sich Elia dieser Berufung bewusst geworden ist, wird uns nicht gesagt. Der kurze Bericht von Jakobus erweckt den Eindruck, dass Elia die Initiative übernimmt: *„Er betete inständig, dass es nicht regnen möge, und es regnete nicht auf der Erde drei Jahre und sechs Monate."*

---

6 Nehemia 1,1–2,8

Elias Gebet erinnert an das Gebet des Königs Salomo bei der Tempelweihe. Salomo sprach damals von einer kausalen Verbindung zwischen einem verschlossenen Himmel (bzw. einer Zeit ohne Regen) einerseits und den Sünden des Volkes andererseits. Er sprach auch sein Vertrauen in Gottes Gnade aus: *„Wenn sie zu dieser Stätte hin beten und deinen Namen preisen und von ihrer Sünde umkehren, weil du sie demütigst, dann höre du es im Himmel und vergib die Sünde deiner Knechte (…) Und gib Regen auf dein Land, das du deinem Volk zum Erbteil gegeben hast!"*[7]

Elia betet in diesem Sinne. Seine Bitte an Gott, dass der seinem Volk den Regen vorenthalten soll, ist keine wilde Idee eines frommen Mannes. Dieser Mensch, der in enger Gemeinschaft mit Gott lebt, ist von Gottes Geist inspiriert und gesteuert. Elias Gedanken sind in Einklang mit Gottes Gedanken. Er handelt nicht auf eigene Faust, er ist auch nicht der Mann, der sich auf Gottes Gericht an den Menschen freut. Es geht ihm um Gottes Ehre. Der Götzendienst des Volkes Israel ist dem Propheten ein Dorn im Auge. Elia kann das nicht ertragen, dass man den lebendigen Gott, den er von ganzem Herzen liebt und dem er dient, verlassen hat. Es empört ihn, dass Baal erhöht und angebetet wird. Er ist sich auch der Gefahr bewusst, in der sich Gottes Volk befindet: Wenn Gott sie wegen ihrer beschämenden Untreue richten wird, werden sie das nicht überleben. Darum: kein Regen, nicht um das Volk zu plagen, sondern um ihm seine Abhängigkeit von seinem Gott bewusst zu machen und das Unvermögen der kanaanitischen Fruchtbarkeitsgötter zu demonstrieren, damit es zu dem Gott Israels zurückkehren wird. Ein solches Denken stimmt mit Gottes Gedanken überein: nicht Unheil, sondern Frieden. Und wenn Unheil, dann mit der Absicht, dass Menschen sich bekehren. So sollen wir auch den ersten Auftritt des ‚Donnerpropheten' Elia am Hof Israels wie auch seinen weiteren Dienst verstehen.

---

7   1. Könige 8,35-36

In Gottes Namen am Hof

Die Lage im Nordreich ist verheerend und die Untreue des Volkes Gott gegenüber groß. Noch gibt es Propheten im Land, aber die sind untergetaucht, weil Königin Isebel sie jagt. Die Situation ist dramatisch und für treue Kinder Gottes bedrohend. Gott aber lässt nicht loß, was seine Hand begann.

Der Mann, der mit einer Botschaft Gottes am Hof von König Ahab erscheint, ist nicht dem Anlass entsprechend gekleidet. Elias Kamelhaarmantel verrät, dass er ein Mann der Wüste ist. Wie er ohne Probleme an den Wachen vorbeigekommen ist, erfahren wir nicht. Es ist ein Wunder Gottes, das ist sicher!

Beim König angekommen, wendet sich Elia ohne Gruß oder Ehrenbezeigung an Ahab und ergreift das Wort: *„So wahr der Herr, der Gott Israels, lebt, vor dem ich stehe ..."* (Vers 1). Mit dieser Vorstellung macht der Prophet aus Gilead gleich zwei Dinge klar: Der Herr, der Gott Israels, lebt, und er, dieser unbekannte und einfache Mann in seinem Kamelhaarmantel, steht vor diesem Gott. Würde Elia sich mit seinem Namen vorstellen, dann würde das ebenfalls deutlich werden, denn der Name Elia (hebräisch *Elijahu*) bedeutet *Jahweh ist Gott.*

Elia weiß, wer er ist und wozu er da ist. Er kennt seine Identität. Er ist nicht an erster Stelle ein Nomade aus Gilead, er ist Gottes Mann, der im Namen Gottes vor König Ahab steht und ihm Gottes Botschaft bringt. Das ist ein Kennzeichen von Männern und Frauen Gottes: Ihre Identität gründet nicht auf ihrer Herkunft, ihrem Wissen oder ihrem Erfolg, sie gründet auf Gott. Nur so ist Elias mutiger Auftritt in Samaria zu verstehen. Nur so ist auch, viele Jahre nach Elia, der mutige Auftritt des Apostels Petrus in Jerusalem zu verstehen. Dieser einfache, ungebildete Fischer stand zu Pfingsten vor einer großen Menschenmenge (und später vor dem kritischen jüdischen Rat) und predigte freimütig das Evangelium von Jesus Christus.[8]

Am Hof in Samaria schenkt Gott Elia nicht nur Mut und Kraft, er legt ihm auch seine Worte in den Mund: eine harte Botschaft für

---

8 Apostelgeschichte 2,14-36; 3,12-26 und 4,5-13

einen stolzen König und ein Schlag ins Gesicht von Baal, dem Gott des Regens, der Sonne und der Ernte. Es wird in Israel so lange nicht regnen, bis er, Elia, wieder sprechen wird.

Wir erfahren nicht, wie der Palast auf Elias Besuch und Worte reagiert. Ich vermute, dass der Prophet nur deswegen ohne Schaden davongekommen ist, weil der König zu geschockt war, um eingreifen zu können. Ich vermute, dass die Lakeien, wenn überhaupt welche anwesend waren, mit offenem Mund zugeschaut und zugehört haben und nachher vor lauter Aufregung nicht wussten, wie sie handeln sollten. Vielleicht haben sie sich nach der niederschmetternden Botschaft dieses fremden Mannes leise und ängstlich zurückgezogen und den König alleine gelassen. König Ahab muss sich irgendwann von seinem Thron erhoben haben und seine Frau aufgesucht haben, um ihr von der merkwürdigen Begegnung zu erzählen. Es ist gut möglich, dass dies der Moment gewesen ist, in dem für Isebel das Maß voll war. In 1. Könige 18,4 lesen wir, dass sie fest entschlossen war, die Propheten des Herrn (und damit die geistliche Obrigkeit Israels) auszurotten.

Fragen zu Kapitel 1 (1. Könige 17,1)

Menschen wie Elia werden heute dringend gebraucht, auch auf unserem Kontinent. Dort, wo sich einst das Evangelium stark verbreitete und Menschen und Länder veränderte, beugen sich heute viele Menschen vor Abgöttern wie Geld, Luxus, Macht, Sex. Die Esoterik feiert Triumphe und ein neues Heidentum blüht unter uns auf.

1. Was bedeutet es, „vor Gott zu stehen" (oder: ihm zu dienen)? Lesen Sie dazu 1. Könige 17,1.

2. Inwiefern bewegt uns das, was sich in unserer Umwelt (in unserem Wohnort, Land oder Kontinent) abspielt? Was können wir von Elia lernen?

3. Es gibt viele Bereiche in unserem Leben, in denen Gott und sein Wort vernachlässigt oder mit Füßen getreten werden. Das kann in der Familie oder in der Schule unserer Kinder sein, im Krankenhaus oder im Büro, wo wir arbeiten, in der Lokalpolitik oder darüber hinaus.
   Sind wir bereit dazu, aufzustehen und Verantwortung zu übernehmen? Was könnte das praktisch beinhalten?

Kapitel 2

Aus dem Verkehr gezogen: vom Hof zum Bach Krit

1. Könige 17,2-6

Und es geschah das Wort des Herrn zu ihm: Geh von hier fort, wende dich nach Osten und verbirg dich ...

Vers 2

Und es geschah das Wort des Herrn zu ihm: Geh von hier fort, wende dich nach Osten und verbirg dich am Bach Krit, der vor dem Jordan ist! Und es soll geschehen: Aus dem Bach wirst du trinken, und ich habe den Raben geboten, dich dort zu versorgen. Da ging er und tat nach dem Wort des Herrn: Er ging hin und blieb am Bach Krit, der vor dem Jordan ist. Und die Raben brachten ihm Brot und Fleisch am Morgen und Brot und Fleisch am Abend, und aus dem Bach trank er.

1. KÖNIGE 17,2-6

In Matthäus 10 bereitet Jesus seine zwölf Apostel, die er bald aussenden wird, darauf vor, dass man ihnen nicht unbedingt freundlich begegnen wird. Das Kreuz, das Menschen, die sich zum Gott der Bibel und zu seinem Sohn Jesus Christus bekennen, auf sich nehmen, ist das Kreuz des Leidens. Man hat mit Ablehnung, Hass und Verfolgung zu rechnen. Diese Dinge wird auch Elia erfahren. Er hat seine sichere Welt in Gilead verlassen und es gewagt, in der Öffentlichkeit eine Botschaft Gottes aus-zusprechen. Sein Auftritt am Hof Israels wird solche Folgen haben, von denen Jesus später spricht. Zuerst aber führt Gott seinen Botschafter in die Stille.

Als Elia den königlichen Palast verlässt, spricht Gott laut und hörbar zu ihm: *Und es geschah das Wort des Herrn zu ihm* (Vers 2). Es folgt ein neuer Auftrag Gottes: *„Geh von hier fort, wende dich nach Osten und verbirg dich am Bach Krit, der östlich vom Jordan ist"* (Verse 2–3).

Es ist denkbar, dass Gott Elia an einen einsamen Ort schickt, damit er nicht in die Klauen Isebels gerät. Er soll sich ja verbergen. Es steckt aber mehr dahinter. Gott will Elia beiseite nehmen, um ihn auf die kommenden Jahre vorzubereiten und auf seine nächsten Aufgaben, die viele Male größer und dramatischer sind als sein erster Auftritt am Hof. Aus diesem Grund zieht Gott seinen Knecht aus dem Verkehr und führt ihn an einen einsamen Ort.

Auf Gott hören

In seinem Buch ‚Sitting at the Feet of Jesus‘[9], nimmt der dänische Bibellehrer und Autor Johannes Facius Elia als Beispiel für ein wichtiges Prinzip. Gläubige müssen sich genauso wie Ungläubige durchbeißen, wenn Gott ein Land mit Problemen und Elend straft. Nicht nur der König und die Bevölkerung Israels werden betroffen sein von der Dürre, die Elia angekündigt hat, sondern auch der Prophet selbst. Elia wird die nächsten Jahre nur dann gut durchstehen, wenn er auf

---

9   Johannes Facius, Sitting at the feet of Jesus. 2005 New Wine Ministries.

Gott hört und sich von ihm sagen lässt, wo es hingeht. Am Bach Krit
wird der Prophet Wasser und die Nahrung, die er zum Leben braucht,
finden. Später wird er von einer Witwe im heidnischen Sidon versorgt werden. Auf beides wäre Elia nicht von selbst gekommen, sie
müssen ihm von Gott gesagt werden. Wir verstehen jetzt, dass es
wesentlich ist, dass sich beim Propheten (wie auch bei uns) eine immer stärkere Antenne für Gottes Stimme entwickelt und dass die
Anweisungen Gottes radikal befolgt werden. Ein Ohr für Gott zu
entwickeln, das scheint Elia schon in Gilead geübt zu haben. Gehorsam hat er auch schon gezeigt, als er Gilead verließ, um König Ahab
zu besuchen. Am Bach Krit in einem Tal, das zum östlichen Strom-
gebiet des Jordan gehört, wird er das alles weiter üben. Er wird es
lernen müssen, total abhängig von Gott zu sein und ganz nach Gottes
Kompass zu fahren.

Krit (oder *Cherith*) bedeutet auf Aramäisch so etwas wie einge-
schnitten (oder abgeschnitten) sein, und genau das ist Elia am Bach.
Der Prophet entbehrt jede menschliche Gesellschaft. Er ist sich selbst
überlassen, oder besser: Er ist seinem Gott überlassen. Etwas Besseres
gibt es nicht.

Am Bach Krit lernt Elia es, alles von seinem himmlischen Vater
zu erwarten und das, was Gott für ihn gedacht hat, anzunehmen.
Das ist alles andere als einfach. Dass Raben Elia Nahrung bringen,
ist ein Wunder Gottes, dennoch ist dieses Essen auf Flügeln für den
Propheten eine große Zumutung. Raben sind ja Geier, die sich von
dem Fleisch toter Tiere ernähren. Als solche sind sie unrein und gehören mit ihrer Beute von Kadavern nach dem Gesetz des Mose zu
den verbotenen Speisen.[10] Dass die Raben auch auf kleine Vögel jagen, womit sie eine frische Beute hätten, verändert nichts daran. Und,
was den Bach betrifft, aus dem Elia trinken soll, so ist das Wasser
anfangs vielleicht noch klar und frisch gewesen, aber in dieser Zeit
ohne Regen muss der Bach allmählich zu einem armseligen schlam-
migen Rinnsal verkommen sein. Kurz gesagt: Dieser Auftrag Gottes
muss für Elia eine große Zumutung gewesen sein.

10 3. Mose 11,13-15.

IN DER SCHULE GOTTES

Immer wieder kommt es vor, dass Menschen aus dem Verkehr gezogen werden. Die Gründe dafür können sehr unterschiedlich sein: ein Burnout, eine schwere Krankheit oder eine Entlassung. Wenn Menschen nichts zu tun haben, nicht gefragt oder nicht mehr nützlich sind, dann sind das schmerzhafte, demütigende Erfahrungen. Man fühlt sich mitunter wie ein abgewracktes Auto, das seine Zeit am Autofriedhof verbringt, während ein paar Kilometer weiter der Verkehr auf der Autobahn vorbeirast.

In solchen Situationen klopfen Enttäuschung, Selbstmitleid oder Bitterkeit bei uns an. Wir fragen uns, womit wir das verdient haben und warum Gott das zugelassen hat. Seien wir getrost: Wenn wir aus dem Verkehr gezogen werden, befinden wir uns in der guten Gesellschaft biblischer Figuren, von deren Erfahrungen wir lernen können.

So verlor Josef seinen hohen Posten durch einen bösen Streich der Frau seines Chefs. Über die Jahre, die er unschuldig im Gefängnis verbrachte, wissen wir einiges. Auffallend dabei sind die Worte, die öfters in der Geschichte Josefs vorkommen: *Und Gott war mit Josef.* Die Jahre, in denen Josef aus dem Verkehr gezogen war, waren keine verlorenen Jahre, sie gehörten zu Gottes Zeitplan für diesen Mann, mit dem er Besonderes vorhatte. In dieser Zeit kam Josef seinem Gott näher und reifte als Mensch. Gott arbeitete an Josef und bereitete ihn auf einen besonderen Dienst vor – er rettete das Leben seines Vaters und seiner Brüder und durch sie die zukünftigen zwölf Stämme Israels.

Generationen nach Josef landete Mose vom brausenden Leben am ägyptischen Hof in der Wüste. Die vierzig Jahre, die er dort als Schafhirte verbrachte, wurden ihm zur kostbaren Schulung. Ja, es waren harte Jahre – der ehemalige Prinz ging abrupt in die Anonymität und in die Stille. Der Adoptivsohn der Tochter des Pharaos stürzte aus großer Höhe in ein tiefes Loch. Als er aber wieder zum Vorschein kam, war er ein Mann, den Gott gebrauchen konnte. Der alte Mose wurde Gottes Instrument zur Befreiung des Volkes Gottes aus Ägypten.

Die Absonderung, die diese und andere Gottesmänner erlebten, war ein Geschenk Gottes. Denn als sie aus dem aktiven Leben vorübergehend ausschieden und scheinbar unwesentlich waren, fand eine kostbare Schulung statt. In dieser Zeit traten die eigenen Gedanken und Pläne allmählich in den Hintergrund und es entstand Raum, um Neues wahrzunehmen und eine neue Perspektive zu bekommen. Sie kamen Gott näher und wurden auf Neues vorbereitet. So kann das menschliche Tief zur Werkstatt Gottes werden.

Die Zeit beim Bach Krit ist für Elia eine wichtige Schulung, die ihn vorbereitet auf ein Leben im Dienst Gottes. Sein Gehorsam Gott gegenüber wird zu Widerstand und Hass führen. Er wird bedroht und verfolgt werden und alleine vor vielen Gegnern stehen. Er wird Einsamkeit und Verlassenheit erfahren. Es ist wesentlich, dass Elia es lernt, sich in Gott zu bergen und nicht aus eigener Kraft seinen Weg zu gehen. Denn am Hof wetzt Isebel schon die Messer.

FRAGEN ZU KAPITEL 2 (1. Könige 17,2-6)

1. Kennen Sie das aus Ihrem eigenen Leben, dass Sie für kürzere oder längere Zeit aus dem Verkehr gezogen wurden? Wie haben Sie das erlebt?

2. Welches Potenzial steckt in einer solchen „stillen" Zeit?

3. Welches sind die Dinge, die Elia in seiner Zeit der Isolation und Stille am Bach Krit lernte (und einübte)?

4. Nicht nur verbrachte Jesus, bevor sein öffentlicher Dienst begann, 40 Tage allein in der Wüste, im Lukasevangelium lesen wir immer wieder, dass er sich an einen einsamen Ort zurückzog. Er stand sehr früh auf oder verbrachte die Nacht an einem Berg, weil es sonst unmöglich war, ungestört Zeit mit Gott zu verbringen.
Warum ist es wichtig, dass wir in unserem Alltag Momente der Einsamkeit und Stille einplanen? Lesen Sie dazu Lukas 4,42; 5,16; 6,12; 9,18.28; 11,1 und auch Matthäus 14,23.
Wie können Sie das in Ihrer konkreten Situation umsetzen?
Wie könnte eine solche „stille Zeit" aussehen? Wie könnte man sie füllen?

Kapitel 3
ZEIT UM AUFZUBRECHEN: VOM BACH KRIT NACH ZARPAT IN SIDON
1. Könige 17,7-16

Und es geschah nach einiger Zeit, da vertrocknete der Bach ...

Vers 7

Und es geschah nach einiger Zeit, da vertrocknete der Bach, denn es war kein Regen im Land. Da geschah das Wort des Herrn zu ihm: Mache dich auf, geh nach Zarpat, das zu Sidon gehört, und bleib dort! Siehe, ich habe dort einer Witwe befohlen, dich zu versorgen. Da machte er sich auf und ging nach Zarpat. Und als er an den Eingang der Stadt kam, siehe, da war dort eine Witwe, die gerade Holz sammelte. Und er rief sie an und sagte: Hole mir doch ein wenig Wasser im Gefäß, dass ich trinke! Und als sie hinging, um es zu holen, rief er ihr zu und sagte: Hole mir doch auch noch einen Bissen Brot in deiner Hand! Da sagte sie: So wahr der Herr, dein Gott, lebt, wenn ich einen Vorrat habe außer einer Handvoll Mehl im Topf und ein wenig Öl im Krug! Siehe, ich sammle eben ein paar Holzstücke auf, dann will ich hineingehen und es mir und meinem Sohn zubereiten, damit wir es essen und dann sterben. Da sagte Elia zu ihr: Fürchte dich nicht! Geh hinein, tu nach deinem Wort! Doch zuerst bereite mir davon einen kleinen Kuchen zu und bring ihn mir heraus! Dir aber und deinem Sohn magst du danach etwas zubereiten. Denn so spricht der Herr, der Gott Israels: Das Mehl im Topf soll nicht ausgehen und das Öl im Krug nicht abnehmen bis auf den Tag, an dem der Herr Regen geben wird auf den Erdboden. Da ging sie hin und tat nach dem Wort Elias. Und sie aß, er und sie und ihr Haus, Tag für Tag. Das Mehl im Topf ging nicht aus, und das Öl im Krug nahm nicht ab nach dem Wort des Herrn, das er durch Elia geredet hatte.

1. KÖNIGE 17,7-16

Wie lange Elia in der Einsamkeit am Bach Krit gelebt hat, wissen wir nicht genau. Es kann leicht ein Jahr gewesen sein, vielleicht sogar noch länger. Wie dem auch sei, als der Bach vertrocknet, kommt der Moment, dass Elia aufbrechen muss.

Ich frage mich manchmal, wie Elia das empfunden hat, dass seine Zeit am Bach Krit zu Ende ging. Vielleicht hatte er sich allmählich an das stille Dasein am Bach gewöhnt und war vertraut mit dem täglichen Rhythmus: Aufwachen, durch die Raben ernährt werden, den Tag in Stille verbringen, bis die Raben abends wiederkommen, dann wieder schlafen gehen, um am nächsten Morgen wieder zu erwachen. Am Bach Krit hatte Elia keine Sorgen, das Leben in Israel spielte sich ohne ihn ab, von Isebel und Ahab keine Spur. Als aber der Bach vertrocknete, wurde alles anders.

Das Austrocknen des Baches war ein Zeichen Gottes: Elia sollte sich in Bewegung setzen. Es war Zeit, den angenehmen, stillen Ort zu verlassen, die Flügel auszubreiten und in die ‚böse Welt' zurückzukehren. Gott half Elia dabei, indem er den Wasserhahn zudrehte und seine Versorgung am Bach einschränkte.

Mach dich auf!

Immer wieder gibt es Situationen in unserem Leben, da müssen wir aufbrechen und uns auf den Weg machen. Manchmal versuchen wir, diesen Moment vor uns herzuschieben, weil es uns unangenehm ist, Vertrautes zurückzulassen. Dennoch, wer für Neues offen sein will, muss bereit sein, Schritte in eine neue Richtung zu gehen oder sogar einen Sprung zu wagen.

Die Tierwelt bietet uns ein kräftiges Bild dieses Prinzips. Vom Adler zum Beispiel ist bekannt, dass er harte Maßnahmen trifft, damit seine Jungen nicht im Nest hocken bleiben, sondern Fliegen lernen. Solange sie im Nest bleiben, werden sie es nie lernen, ihre Flügel auszubreiten. Darum lässt der Adler seine Jungen zuerst hungern, in der Hoffnung, dass der leere Magen sie dazu bewegen wird, sich für die ersten Flugversuche aufzumachen. Wenn das nicht geschieht, wird das Nest allmählich auseinandergenommen – die weiche Innenbekleidung wird entfernt. Bald sitzen die Jungen auf Dornen. Diese unangenehme Erfahrung bringt letztendlich das gewünschte Ergebnis: Die jungen Adler wagen den Sprung über Bord. Gleich sind Vater und Mutter da, um sie zu begleiten und zu tragen. Der Adler schwebt um seine Jungen herum, er breitet die Flügel aus, nimmt sie auf und trägt sie auf seinen Schwingen. Ein kräftiges Bild von Gott selbst, das Mose in einem Lied besingt.[11] Gott umschließt uns, er trägt uns, er ist da. Also Elia! Bleib nicht am Bach, sondern wage den Sprung und geh!

„Da geschah das Wort des Herrn zu ihm: Mache dich auf, geh nach Zarpat, das zu Sidon gehört, und bleib dort! Siehe, ich habe dort einer Witwe befohlen, dich zu versorgen" (Vers 8).

Mach dich auf und geh! Das ist eine Aufforderung, die wir öfters in der Bibel finden. Christsein ist nicht statisch, sondern dynamisch. Es ist eine Bewegung nach vorne. Wir werden herausgefordert, uns nach Gottes Verheißungen auszustrecken und seinen Zielen nachzujagen. Denken wir an die Worte von Paulus: *„Ich tue eines. Ich vergesse, was dahinten ist, strecke mich aber aus nach dem, was vorn ist, und jage auf das Ziel zu, hin zu dem Kampfpreis der Berufung Gottes nach oben in Christus Jesus."*[12]

Wer von Gott bewegt ist, setzt sich in Bewegung. Er steht auf und geht, weil er weiter sieht als nur bis zu seinem menschlichen Horizont. Als Kinder Gottes stehen wir vor der Herausforderung, immer wieder unsere Grenzen zu erweitern und neue Glaubensschritte zu wagen. Viele Menschen der Bibel sind uns hierin ein Beispiel, man muss nur Hebräer 11 lesen, um zu sehen, was das bedeutet, aber auch, was es kostet.

Elia soll auch aufbrechen und gehen, aber nicht einfach so ins Blaue hinein. Gott schenkt ihm eine Wegweisung und eine Verheißung: „An dem Ort, wo du jetzt hingehen sollst, wirst du erwartet. Ich habe dort einer Witwe befohlen, dich zu versorgen."

---

11 5. Mose 32,11

12 Philipper 3,13-14

Es ist ein göttliches Prinzip, dass ein Auftrag Gottes verknüpft ist mit seiner Verheißung, die man in vier Worten zusammenfassen kann: „Ich sorge für dich." Oder: „Du darfst mit mir rechnen, ich bereite den Weg, ich bin dabei." Also: „Geh, tu und ich werde für dich sorgen!"

Das sagte Gott, als er Elia zum Bach Krit sandte („Ich werde Raben befehlen, dich zu ernähren"), das sagt er wieder, als Elia nach Zarpat gehen soll. Das sagte auch Jesus, als er seine Jünger in die Welt hinaussandte: *„Geht hinaus ... Und siehe, ich bin mit euch alle Tage bis zur Vollendung des Zeitalters."* [13] Das gilt bis heute: Wir sind nicht uns selbst überlassen, Gott ist da.

NACH ZARPAT

Es liegen gut 120 Kilometer vor Elia, zu Fuß eine Reise von mehreren Tagen in sengender Hitze. Das Reiseziel ist Zarpat (oder Sarepta, die griechische bzw. lateinische Bezeichnung[14]). Diese kleine Stadt liegt im heidnischen Phönizien an der Küste zwischen Sidon und Tyrus, dem früheren Wohnort von Isebel.[15] Ihr Vater, der Priesterkönig Elbaal, beherrscht dieses Gebiet.

Vom Namen Zarpat kann man sprachlich Verschiedenes ableiten. Überraschend ist, dass man ihn verbinden kann mit Glas- oder Metallschmelzhütten. Überraschend, denn Elia landet nach einer Zeit der Abgeschiedenheit geradezu in einem Schmelzofen. Er steht vor einer Feuerprobe: Er soll den Bach Krit verlassen, wo er praktisch nicht zu finden war, und sich in rein heidnisches Gebiet begeben. Und er geht: *„Da machte er sich auf und ging nach Zarpat"* (Vers 10).

Dass er ohne Fragen oder Einwendungen geht, ist ein Zeichen geistlicher Reife. Elia bringt kein „Wieso?" oder „Wie denn?" aufs Tapet, obwohl kaum Schlimmeres denkbar ist, als sich in Isebels Hei-

---

13 Matthäus 28,20

14 Siehe Lukas 4,25-26

15 1. Mose 10,19 und 1. Chronik 1,13

mat niederlassen zu müssen! Elia aber macht sich auf den Weg, weil er darauf vertraut, dass derjenige, der ihn ruft, treu ist.

Ob die Verheißung Gottes *„Ich habe dort einer Witwe befohlen, dich zu versorgen"* (Vers 9) ihn ermutigt? Ehrlich gesagt ist diese Zusage Gottes nicht unbedingt beruhigend. Die Frau, die Elia versorgen soll, ist eine Heidin und zudem alleinstehend. Soll sie, die von der Hilfe anderer abhängig ist, einen Fremden, der ein Mann des Gottes Israels ist, versorgen?

Wäre ich Elia gewesen, dann hätte ich es geschätzt, wenn Gott etwas „Besseres" organisiert hätte: Unterwegs ein paar Herbergen (mit einem guten Bett und einem leckeren Essen) und in Zarpat eine komfortable Unterkunft bei einer Familie, die sich Gäste auch leisten konnte. Eine solche Versorgung gefällt uns, aber sie ist dem bequemen Adlerhorst ähnlich: Man wird nicht herausgefordert, sondern verwöhnt. Und obwohl Verwöhnung gelegentlich gut (und uns auch gegönnt) ist, bringt eine Herausforderung uns letztendlich weiter, wobei wir uns eins merken sollen: Mit Gott zu rechnen bedeutet, dass er ganz sicher für uns sorgt!

LEERE HÄNDE

Als Elia Zarpat erreicht, sieht er am Eingang der Stadt eine Witwe, die Holz sammelt. Obwohl sie an ihrer Kleidung als Witwe erkennbar gewesen sein muss, weiß er natürlich nicht, ob sie diejenige ist, die Gott auf sein Kommen vorbereitet hat. Ob er sie jetzt auf die Probe stellt, indem er ihr zuruft und sie um ein wenig Wasser bittet? Er kann erleichtert aufatmen, denn die Frau tut, worum er sie bittet. Gleich kommt Elia mit einer zweiten Bitte: Sie solle ihm auch etwas Brot bringen. Auf diese Bitte reagiert sie weniger positiv. Zuerst aber sagt sie etwas Auffallendes: *„So wahr der Herr, dein Gott, lebt ..."* (Vers 12). Es wurde nichts über Gott gesagt, dennoch erkennt diese Frau Elia als Mann Gottes und sie spricht vom *lebendigen* Gott!

Die Witwe hat Elias Gott selbst reden gehört. Aber ob ihr in diesem Moment vor Augen steht, dass dieser Mensch derjenige ist, über den Gott mit ihr gesprochen hat? Bei ihr stehen der Hunger und die Not, ihre Verzweiflung und Erschöpfung im Vordergrund. Trotzdem sagt sie es: *„So wahr der Herr, dein Gott, lebt!"* Die Witwe erkennt Elia als einen Mann des lebendigen Gottes. Ihr persönlicher Gott ist dieser Gott Israels aber (noch) nicht.

Nach diesen ersten Worten erzählt die Witwe Elia, wie es um sie und ihren Sohn steht. Ihre Lage ist aussichtslos, sie sind am Ende ihrer Vorräte und ihrer Kräfte angekommen. Das Holz, das sie gerade sammelt, soll dazu dienen, dass sie sich und ihrem Sohn eine letzte Mahlzeit bereitet. Es ist gerade noch genügend Mehl und Öl da, um noch einmal Brot backen zu können. Danach werden sie ohne Essen auskommen müssen. Anders ausgedrückt: Sie werden bald sterben.

Kennen Sie das? Dass die eigenen Vorräte ausgeschöpft sind, dass Sie am Ende Ihrer Kräfte sind – ausgepowert und ausgebrannt? Genau das ist die Erfahrung der Witwe in Zarpat. Aber Gott sieht sie und spricht zu ihr. Und er gibt ihr einen unmöglichen Auftrag: Während sie selbst dringend Hilfe braucht, sendet er ihr einen Fremden, dem sie helfen soll!

In Jesaja 40,29 lesen wir, dass Gott dem Müden Kraft gibt und dem Ohnmächtigen die Stärke mehrt. Der Schlüssel zu dieser Verheißung heißt „Glaube" oder „Vertrauen". In Vers 31 steht: *„Aber die auf den Herrn hoffen, gewinnen neue Kraft ..."* Gott gibt den Müden Kraft, wenn sie nach seinem Wort handeln. Das trifft nicht nur auf Elia zu, sondern auch auf diese arme Witwe.

Elia zeigt sich zuversichtlich. Seine Worte an die Witwe sprechen von Gottvertrauen: *„Fürchte dich nicht!"* (Vers 13) Eigentlich brauchen sie beide – Elia und die Frau in Zarpat – diese Ermutigung: *„Fürchte dich nicht!"* Und auch wir brauchen diese Worte, und zwar immer wieder. Sie sind keine leere Formel, die uns helfen soll, unsere Not zu vergessen. Es ist kein leerer Trost, der dort in Zarpat ausgesprochen wird. Es sind die Worte des lebendigen Gottes: *„Fürchte dich nicht. Denn ich, Gott, bin mit dir. Ich, der Allmächtige, für den nichts unmöglich ist!"*

GLAUBENSSCHRITTE

Elia geht nicht auf das ein, was die Frau sagt. Statt sie zu bemitleiden, fordert er sie nur dazu auf, das zu tun, was sie sowieso vorhat: Sie soll ihre kleine Mahlzeit für sich und ihren Sohn vorbereiten. Zuerst aber soll sie Elia einen kleinen Kuchen (ein flaches Brot, das schnell in heißer Asche gebacken wird) bringen. Bevor die Witwe etwas dagegen einwenden kann, gibt Elia ihr eine Verheißung: Der Herr, der Gott Israels, wird dafür sorgen, dass weder das Mehl in ihrem Topf und noch das Öl in ihrem Krug ausgehen werden; und zwar bis an den Tag, an dem der Herr dem Land Regen schenken wird. Der Prophet spricht nach dem göttlichen Prinzip: An den Auftrag ist eine Verheißung geknüpft. Wenn sie nach Gottes Wort handelt, wird sie versorgt. Sie darf auch damit rechen, dass der Tag kommen wird, an dem der Herr wieder Regen schenkt.

In Gedanken sehe ich die Witwe in ihr Haus gehen. Vielleicht schüttelt sie den Kopf über die Frechheit dieses Fremden und über seine Zusage. Sie tut aber, was Elia ihr aufträgt. Obwohl seine Bitte unter diesen Umständen unglaublich unverschämt ist, hört sie auf ihn. Oder: Sie hört auf *Gottes* Wort, das er durch seinen Propheten gesprochen hat.

Ein Glaubensschritt ist daran erkennbar, dass wir etwas auf Gottes Wort hin tun, ohne schon zu sehen, was uns verheißen ist. Manchmal müssen wir ringen, bis es so weit ist, dass wir ein wirkliches „Ja" zu Gottes Auftrag finden. Als die Witwe in Zarpat dieses „Ja" findet und nach Elias Wort handelt (Vers 15), ist das Ergebnis überwältigend! Sie gibt das Gewisse oder Sichtbare, nämlich ihr letztes Brot, um dafür das in ihren Augen Unsichere und noch Unsichtbare – Gottes Verheißung – zu empfangen.

Der Gott der Bibel ist ein Gott der Fülle und des Überflusses. Er ist nicht knauserig, sondern großzügig: Er füllt unsere leeren Hände und gibt uns nicht gerade genug, sondern so reichlich, dass wir davon austeilen können. Wir werden gesegnet und dürfen anderen ein Segen sein. Es geht darum, dass wir dazu bereit sind und es wagen, ihm das, was wir haben und können, zur Verfügung zu stellen; wie der kleine Junge, der Jesus seine paar Fische und Brote gab, woraus ein Picknick für Tausende Menschen wurde.

So segnet Gott auch den Glaubensschritt der Witwe in Zarpat. Sie und ihr Sohn werden vom Hungertod gerettet und Elia findet eine sichere Unterkunft bei ihr. Der Vorfall erinnert an die Worte Jesu: *„Wer einen Propheten aufnimmt in eines Propheten Namen* (d. h. weil er ihn als Prophet erkennt und anerkennt*), wird eines Propheten Lohn empfangen.“*[16]

---

16 Matthäus 10,41

FRAGEN ZU KAPITEL 3 (1. KÖNIGE 17,7–16)

1. Ein Glaubensschritt ist daran zu erkennen, dass man mit Gottes Verheißungen rechnet und danach handelt. Siehe Hebräer 11,1. Was wird von Elia erwartet? Wie sieht das bei Ihnen aus – hoffen, glauben, vertrauen auf Gott und danach leben? Können Sie das anhand konkreter Beispiele verdeutlichen?

2. In der Natur stört der Adler sein Nest auf, um seine Jungen so weit zu bringen, dass sie den Sprung in die Tiefe wagen. Kennen Sie das aus eigener Erfahrung? Eigentlich wissen Sie, dass Sie neue Glaubensschritte wagen sollen, aber Sie können sich nicht überwinden, sie auch wirklich zu tun? Was hält Sie davon ab, aufzustehen und loszugehen?

3. Die Witwe in Zarpat teilt das Wenige, das sie hat, mit Elia. Anfangs will sie das, was sie noch hat, für sich selbst behalten. Was bringt sie dazu, dem Propheten Elia doch ein Brot zu geben?

4. Wie ist das bei uns, wenn wir zu wenig haben? Wagen wir es trotzdem, anderen gegenüber großzügig zu sein im Vertrauen darauf, dass Gott für uns sorgt? Wie kann man wissen, ob Glaubensschritte gefragt sind oder ob man eher rational entscheiden soll?

5. Die Witwe hat leere Hände, darf aber erfahren, dass Gott sie ihr füllt. Kennen Sie das aus eigener Erfahrung? Haben Sie schon einmal erlebt, dass Ihre leeren Hände überraschend gefüllt wurden?

6. Lesen Sie Lukas 5,4-6, wo Simon Petrus ein „Ja" findet zu einem „unmöglichen" Auftrag Gottes. Was bringt ihn dazu, das zu tun, was nach menschlichem Ermessen verrückt ist?

Kapitel 4
DAS DARF DOCH NICHT WAHR SEIN!
1. Könige 17,17-24

Und es geschah nach diesen Ereignissen ...

Vers 17

Und es geschah nach diesen Ereignissen, da wurde der Sohn der Frau, der Hausherrin, krank. Und seine Krankheit wurde sehr heftig, sodass kein Odem mehr in ihm blieb. Da sagte sie zu Elia: Was habe ich mit dir zu tun, Mann Gottes? Du bist zu mir gekommen, um meine Schuld vor Gott in Erinnerung zu bringen und meinen Sohn zu töten. Er aber sagte zu ihr: Gib mir deinen Sohn! Und er nahm ihn von ihrem Schoß und brachte ihn hinauf ins Obergemach, wo er wohnte, und legte ihn auf sein Bett. Und er rief zum Herrn und sprach: Herr, mein Gott, tust du nun auch der Witwe, bei der ich mich aufhalte, Böses an, indem du ihren Sohn sterben lässt? Und er streckte sich dreimal über das Kind hin und rief zum Herrn und sprach: Herr, mein Gott, lass doch das Leben dieses Kindes wieder zu ihm zurückkehren! Und der Herr hörte auf die Stimme Elias, und das Leben des Kindes kehrte zu ihm zurück, und es wurde wieder lebendig. Da nahm Elia das Kind und brachte es vom Obergemach ins Haus hinab und gab es seiner Mutter; und Elia sagte: Siehe, dein Sohn lebt! Da sagte die Frau zu Elia: Jetzt erkenne ich, dass du ein Mann Gottes bist und dass das Wort des Herrn in deinem Mund Wahrheit ist.

1. KÖNIGE 17,17–24

Nach seinem langen Fußweg vom Bach Krit nach Zarpat hat Elia Unterkunft bei einer Witwe und ihrem Sohn gefunden. Er hat jetzt ein Dach über dem Kopf, und statt von unreinen Raben abhängig zu sein, werden seine Mahlzeiten nun von einer freundlichen Frau zubereitet. In dieser Zeit (es können gut zwei Jahre gewesen sein) lernt der Prophet die Freuden des Familienlebens kennen. Die stillen, einsamen Jahre sind vorbei, es ist eigentlich für alle eine ganz neue Situation. Zwar befindet Elia sich im feindlichen Gebiet, dennoch führt er in Zarpat scheinbar ein ruhiges Leben. Scheinbar! Lesen wir Vers 17: Und es geschah nach diesen Ereignissen, da wurde der Sohn der Frau, der Hausherrin, krank. Und seine Krankheit wurde sehr heftig …

Der Sohn der Witwe stirbt nach kurzer, heftiger Krankheit, und auf einmal ist der Friede im Haus verschwunden. Die Witwe wendet sich verzweifelt und frustriert an Elia. Eigentlich wirft sie ihm vor, dass es besser gewesen wäre, wenn er nie bei ihr aufgetaucht wäre: *„Was habe ich mit dir zu tun, Mann Gottes?"* Dass Elia ein Mann Gottes ist, steht für sie nach wie vor fest. Bis jetzt haben sie es gut miteinander gehabt. Jetzt, wo ihr Sohn gestorben ist, ist alles anders. Die Witwe fragt sich, ob der Tod ihres Kindes eine Strafe Gottes ist. Sie richtet diese Frage direkt an Elia. Ob der Prophet nur deswegen zu ihr gekommen ist, um sie an ihre Schuld zu erinnern?

WENN ALLES ANDERS LÄUFT

Wenn Dinge anders laufen, wenn Schlimmes passiert, fragt man sich oft, womit man das verdient hat. Man fragt sich auch, ob Gott die Hand im Spiel hat, ob das seine Strafe sein könnte.

Auffallend ist, dass Elia nicht auf die Vorwürfe seiner Gastgeberin eingeht. Anscheinend will er einer Diskussion über die Frage nach der Schuld aus dem Weg gehen. Tatsache ist: Elia weiß nicht, was er sagen soll. Dann aber handelt er. Er bittet die Frau, ihm ihren Sohn zu geben, dann nimmt er das leblose Kind mit hinauf in sein Zimmer, legt es auf sein Bett und ruft zu Gott. Es ist ein Herzensschrei:

„Herr, wie kannst du der Witwe, die mich aufnahm und treu versorgt hat, das antun? Warum nimmst du ihr den Sohn?" (Vgl. Vers 20) Dass Gott die Heiden straft, das kann Elia verstehen. Aber diese Frau, die ihm nur Gutes getan hat? Elia fühlt den Schmerz der Mutter in seinem eigenen Herzen. Es ist, als ob auch seine Welt einstürzt. Bis jetzt ist alles so gut verlaufen, sie haben so gut unter einem Dach gelebt, sie haben gemeinsam Gottes Fürsorge erfahren. In seiner Not betet der Prophet nicht leise, er ruft: „Herr! Herr, mein Gott, wie kannst du nur …?" Elia ist entsetzt und entrüstet und verbirgt diese Emotionen nicht vor Gott.

„Mein Gott", das ist heute für viele ein Flickwort geworden, das leicht herausrutscht, ohne dass man sich dessen bewusst ist, was man eigentlich sagt. In Elias Mund aber ist dieses „Mein Gott" kein leeres, gedankenlos dahingesagtes Wort. Elia kennt diesen Gott als seinen Herrn, er steht in seinem Dienst. Er geht so vertraut mit seinem himmlischen Vater um, dass er es wagt, ihn zu hinterfragen, ihm Vorwürfe zu machen: Das geht doch nicht. Wie kannst du der Witwe ihren Sohn nehmen?

Nach seinem Herzensschrei tut Elia etwas Unerhörtes: Er streckt sich dreimal über das tote Kind hin und fleht Gott an, er solle das Wunder einer Auferweckung schenken. Elias Verhalten ist unerhört, weil es Juden nach dem Gesetz Gottes strengstens verboten war, einen Toten anzurühren.[17] Der Prophet aber ist voller Erbarmen und geht so weit, dass er sich unrein macht. So wie Jesus sich unrein machte, als er die verstorbene Tochter von Jairus oder den Sohn der Witwe aus Nain anrührte und sie beide vom Tod auferweckte.[18]

EIN WUNDER GOTTES

Der Himmel reagiert, wenn er Glauben sieht. Wenn wir Gott aufrichtig suchen und ihm gehorchen, dann geht der Himmel auf. Das bedeutet nicht, dass all unsere Gebete so erhört werden, wie wir uns

---

17 Siehe 4. Mose 19,11

18 Lukas 7,11-15

das vorstellen oder wünschen. Gehört aber werden sie alle. Und wir, die wir beten, werden gesehen. Unsere Tränen, unsere Enttäuschung und unser Nicht-Verstehen bewegen Gott.

In Zarpat geschieht ein Wunder: Der Sohn der Witwe, ihre Hoffnung und Zukunft, wird wieder lebendig. Es ist die erste Auferweckung im Alten Testament. Und dieses Wunder bewirkt das, wozu ein Wunder Gottes gedacht ist: Es führt zum Glauben. Der letzte Satz in 1. Könige 17 enthält die Worte der Witwe: *„Jetzt erkenne ich, dass du ein Mann Gottes bist und dass das Wort des Herrn in deinem Mund Wahrheit ist"* (Vers 24).

Nach der Auferweckung ihres Sohnes ist der Gott Israels für die Witwe nicht länger „Elias Gott", denn sie spricht vom Wort *des Herrn*, das Wahrheit ist.

WAS GOTT SAGT, GESCHIEHT

In Zarpat ist das Wort Gottes geschehen. Es wurde nicht nur gesagt, es wurde nicht nur gehört, es geschah. Gott sagt in Jesaja 55,11 dass das Wort, das aus seinem Mund hervorgeht, nicht leer zu ihm zurückkehren wird: *„Es wird bewirken, was mir gefällt, und ausführen, wozu ich es gesandt habe."* Der Herr lässt keines seiner Worte *„auf die Erde fallen"* (oder verloren gehen).[19] Anders gesagt: Gottes Wort hat Kraft. Was er ausspricht bzw. verheißt, das geschieht.

Der Aufenthalt Elias bei der Witwe in Zarpat wird von Jesus nachdrücklich erwähnt, als er am Anfang seines öffentlichen Dienstes in der Synagoge in Nazaret predigt: *„Viele Witwen waren in den Tagen Elias in Israel, als der Himmel drei Jahre und sechs Monate verschlossen war, sodass eine große Hungersnot über das ganze Land kam; und zu keiner von ihnen wurde Elia gesandt als nur nach Sarepta in Sidon zu einer Frau, einer Witwe."*[20]

Gott sandte Elia dorthin, um diese eine Heidin zu sich zu bringen. Die lange Reise vom Bach Krit nach Sidonien hat damit eine

19 1. Samuel 3,19

20 Lukas 4,25-26

heilsgeschichtliche Bedeutung: Gottes Gnade gilt nicht nur seinem Volk, er will auch andere Nationen erreichen und retten. Er formt sich, nach seiner alten Verheißung an Abraham, ein Volk aus Juden und Heiden.[21] Der Besuch Elias bei der Witwe in Zarpat unterstreicht diese Wahrheit. Dasselbe tut der Vorfall, als Elias Nachfolger Elisa den aussätzigen Naaman, Oberster des syrischen Heers, heilt.[22] Auch daran erinnert Jesus seine Zuhörer in Nazaret. Für sie ist diese Botschaft der Gnade ein Grund mehr, ihn umbringen zu wollen.[23]

---

21 1. Mose 17,5

22 2. Könige 5,1-14.

23 Lukas 4,27-30

FRAGEN ZU KAPITEL 4 (1. Könige 17,17–24)

1. Kennen Sie Situationen, in denen alles schiefgeht? Was können Sie hier von Elia lernen?

2. In der Bibel gibt es immer wieder Berichte von Menschen, denen Schweres aufgebürdet wird. Lesen Sie dazu Rut 1,13b und 20-21. Wie erklärt Noomi ihr Unglück? Wie äußert sie sich zu ihren schmerzhaften Umständen? Lesen Sie auch 1 Mose 37 ff. Wie betrachtet Josef die schweren Jahre, die hinter ihm liegen?

3. In 1. Könige 17,24 sagt die Witwe in Zarpat: „Jetzt erkenne ich ..." Erkennen geht weiter als Wissen oder Kennen. Wer erkennt, nimmt an und handelt danach. Lesen Sie Josua 2,1-4. Im Gegensatz zu ihren Mitbürgern in Jericho erkannte Rahab die Hand Gottes. Vergleichen Sie ihr Verhalten und das des Königs und der Einwohner Jerichos.

Kapitel 5
EIN STILLER GLÄUBIGER AM HOF AHABS
1. Könige 18,1-20

Es geschah nämlich, als Isebel die Propheten des Herrn ausrottete, da nahm Obadja hundert Propheten und versteckte sie, je fünfzig Mann in einer Höhle und versorgte sie mit Brot und Wasser ...

Vers 4

Lasst uns nun, wie wir Gelegenheit haben, allen gegenüber das Gute wirken, am meisten aber gegenüber den Hausgenossen des Herrn.

Galater 6,10

48

Und es vergingen viele Tage, da geschah das Wort des Herrn zu Elia im dritten Jahr der Dürre: Geh hin, zeige dich Ahab! Ich will Regen geben auf den Erdboden. Da ging Elia hin, um sich Ahab zu zeigen. Die Hungersnot in Samaria aber war schwer. Und Ahab rief Obadja, der über das Haus gesetzt war – Obadja aber fürchtete den Herrn sehr. Es geschah nämlich, als Isebel die Propheten des Herrn ausrottete, da nahm Obadja hundert Propheten und versteckte sie, je fünfzig Mann in einer Höhle, und versorgte sie mit Brot und Wasser –. Und Ahab sagte zu Obadja: Geh durch das Land zu allen Wasserquellen und zu allen Bächen! Vielleicht findet sich noch etwas Gras, dass wir Pferde und Maultiere am Leben erhalten können und nichts von dem Vieh umkommen lassen müssen. Dann teilten sie das Land unter sich, um es zu durchziehen. Ahab ging für sich auf einem Weg, und Obadja ging für sich auf einem Weg. Und als Obadja auf dem Weg war, siehe, da kam ihm Elia entgegen. Und er erkannte ihn und fiel auf sein Angesicht und sagte: Bist du es, mein Herr Elia? Und er sagte zu ihm: Ich bin es. Geh hin, sage deinem Herrn: Siehe, Elia ist da! Er aber sagte: Worin habe ich gesündigt, dass du deinen Knecht in die Hand Ahabs geben willst, damit er mich tötet? So wahr der Herr, dein Gott, lebt, wenn es eine Nation oder ein Königreich gibt, wohin mein Herr nicht gesandt hat, um dich zu suchen! Und sagten sie: Er ist nicht hier, dann ließ er das Königreich und die Nation schwören, dass man dich nicht gefunden habe. Und nun sagst du: Geh hin, sage deinem Herrn:

Siehe, Elia ist da! Und es wird geschehen, wenn ich von dir weggehe, dann wird dich der Geist des Herrn davontragen, ich weiß nicht wohin; wenn ich dann komme, Ahab zu berichten, und er findet dich nicht, wird er mich umbringen. Und dein Knecht fürchtet doch den Herrn von meiner Jugend an. Ist meinem Herrn nicht berichtet worden, was ich getan habe, als Isebel die Propheten des Herrn umbrachte? Dass ich von den Propheten des Herrn hundert Mann versteckte, fünfzig hier und fünfzig da, jeweils in einer Höhle, und dass ich sie mit Brot und Wasser versorgte? Und nun sagst du: Geh hin, sage deinem Herrn: Siehe, Elia ist da! Dann wird er mich umbringen. Elia aber sagte: So wahr der Herr der Heerscharen lebt, vor dem ich stehe, heute werde ich mich ihm zeigen! Da ging Obadja hin, Ahab entgegen, und berichtete es ihm. Und Ahab ging Elia entgegen. Und es geschah, als Ahab Elia sah, da sagte Ahab zu ihm: Bist du da, der Israel ins Unglück gebracht hat? Er aber sagte: Nicht ich habe Israel ins Unglück gebracht, sondern du und das Haus deines Vaters, indem ihr die Gebote des Herrn verlassen habt und du den Baalim nachgelaufen bist. Und nun sende hin, versammle ganz Israel zu mir an den Berg Karmel und die 450 Propheten des Baal und die 400 Propheten der Aschera, die am Tisch Isebels essen! Da sandte Ahab unter allen Söhnen Israel umher und versammelte die Propheten an den Berg Karmel.

1. KÖNIGE 18,1-20

Als die Niederlande während des Zweiten Weltkriegs von Deutschland besetzt waren, befand sich die damalige Königin Wilhelmina in London. In diesen Jahren wurde ihre Residenz, der königliche Palast „Het Loo" bei Apeldoorn, vom deutschen Militär eingenommen. Der Palast soll zuerst dem Militär als Quartier gedient haben, später wurde er in ein Lazarett für verwundete Kriegsgefangene umfunktioniert. Damals wussten nur ganz wenige Menschen, dass „Het Loo" in dieser Zeit neben den deutschen Streitkräften auch Menschen beherbergte, die vor dem deutschen Feind untertauchen mussten. Für die Menschen, die für die Versorgung der Untergetauchten verantwortlich waren, muss das ein haarsträubendes Unternehmen gewesen sein. Feind und Flüchtling unter einem Dach! Wenn das schiefgegangen wäre, hätte das viele Menschen das Leben gekostet.

Am königlichen Palast in Samaria ist Ähnliches der Fall. Während Königin Isebel nichts unversucht lässt, um die Propheten Gottes in Israel zu finden und zu vernichten, hat der Hofmarschall Obadja hundert Propheten in zwei Höhlen versteckt. Diese Menschen werden von ihm persönlich versorgt. Das bedeutet konkret, dass sowohl die Baals- und Ascherapropheten, die Isebel aus Sidonien mitgebracht hat, als auch die von ihr gesuchten Propheten Gottes von der königlichen Küche ernährt werden. Obadja ist für beide Gruppen verantwortlich.

SPRECHEN ODER SCHWEIGEN

Obadja, dessen Name „Diener Jahwes" bedeutet, muss in dieser Zeit ein Doppelleben geführt haben. Während das Königspaar ihm die Verwaltung des Palastes anvertraut hat, sabotiert er die Pläne der Königin. Sie will die geistliche Obrigkeit Israels ausrotten, und er hält hundert Propheten Gottes am Leben. Das muss ihn Nerven gekostet haben. Sicherlich hat er Komplizen gehabt, denn alleine hätte er das nicht geschafft. Es bleibt aber äußerst riskant. In der damaligen Zeit waren die königlichen Höfe oft Brutstätten von Intrigen und Verrat.

Über Obadja wird ganz unterschiedlich gedacht. Die einen bewundern ihn, weil er seinem Gott treu blieb an einem Hof, wo eine gottlose Königin das Sagen hatte. Sie sind der Meinung, dass Obadja Respekt verdient, weil er mutig dem Befehl der Königin, die Propheten Gottes umzubringen, trotzte. Mit dieser Aktion setzte Obadja nicht nur seine Position, sondern auch sein Leben aufs Spiel, denn mit Verrätern machte man damals kurzen Prozess. Der skrupellosen Isebel hätte das nichts ausgemacht, ihren Hofmarschall umzubringen.

Neben denen, die viel Respekt haben für Obadja, gibt es auch manche, die an ihm etwas auszusetzen haben. Wieso war der Hofmarschall ein stiller Gläubiger? Wieso gab er nicht offen zu, dass er dem Gott Israels diente? Josef und Daniel, die beide hohe Positionen an einem heidnischen Hof innehatten, hatten kein Problem damit. Obadja aber, der am Hof Israels diente, schwieg. Warum hat er nicht als Gewissen für den König fungiert?

Während Obadja im Verborgenen handelte, gibt es auch biblische Beispiele von gläubigen Menschen, die Heiden dienten und ihren Glauben nicht verbargen. Von Nehemia, der am persischen Hof diente, ist bekannt, dass er den Mut hatte, mit seinem König über die Notlage in Jerusalem zu sprechen. Er bekam darauf einen Sonderurlaub, um bei dem Wiederaufbau der Stadt Gottes zu helfen. Über ihn wird gesagt, dass er *„gottesfürchtig vor vielen anderen"*[24] war. In der Zeit des Propheten Elisa (des Nachfolgers von Elia) gab es in Syrien auch einmal eine junge Sklavin aus dem Nordreich Israel, die ihrer Herrin sagte, dass es einen Propheten in Israel gab, der ihrem leprakranken Mann helfen könne.[25] Es gibt aber auch andere Beispiele. Denken wir an Mordechai, der ebenfalls am persischen Hof diente. Er gab seiner Cousine Ester den Rat, darüber zu schweigen, dass sie eine aus Gottes Volk war.[26]

Dass Obadja ein stiller Gläubiger war, kann sowohl feige als auch

---

24 Nehemia 7,2

25 2. Könige 5,1 ff.

26 Ester 2,10

weise gewesen sein. Es ist nicht fair, Jahrhunderte später darüber zu spekulieren. In 1. Könige 18,3 lesen wir, dass er den Herrn sehr fürchtete. Aus seiner riskanten Rettungsaktion von hundert Propheten Gottes können wir schließen, dass es ihm wichtiger war, Gott zu gehorchen als seinen Vorgesetzten. Damit ist er in die Spur von den Hebammen zu Moses Zeit getreten (sie hielten neugeborene jüdische Jungen am Leben) oder auch von Rahab in Jericho (sie brachte zwei gesuchte Kundschafter Israels in Sicherheit).[27] Die Frage, ob Obadja Ahab noch positiv hätte beeinflussen können, bleibt unbeantwortet. Besser ist es zu überlegen, wie wir als Christen leben und handeln sollen, am Arbeitsplatz oder sonstwo.

Ein Neuer Auftrag für Elia

In 1. Könige 18 befinden wir uns im dritten Jahr der Dürre. In dieser Zeit spricht Gott wieder zu Elia: *„Geh hin, zeige dich Ahab! Ich will Regen geben auf den Erdboden"* (Vers 1). Es ist anzunehmen, dass Elia noch immer bei der Witwe und ihrem Sohn lebt. Die Auferweckung des Jungen liegt schon eine Weile zurück. Sie haben mittlerweile den üblichen, täglichen Rhythmus wiedergefunden und leben friedlich unter einem Dach. Dann aber wird es für Elia wiederum Zeit aufzubrechen.

Bisher hat Elia sich immer weiter vom Hof in Samaria entfernt. Jetzt aber soll er zurückkehren, um den König zu besuchen. Dieser Auftrag ist äußerst riskant. Nach Elia wird schon seit einiger Zeit gesucht, weil man ihn verantwortlich macht für die Dürre und die schwere Hungersnot in Israel. Zum dritten Mal soll er ein sicheres Nest verlassen, diesmal um von Sidonien zurückzukehren in das Nordreich Israel.

Am Hof wird inzwischen Obadja zum König bestellt. Es soll untersucht werden, wo im Land sich bei Wasserquellen oder an Bächen noch Gras finden lässt für die Pferde und Maultiere des Königs. Über die Not des Volkes wird kein Wort verloren. König Ahab ist besorgt

---

27 2. Mose 1,17 und Josua 2,4

um seinen Reitstall, sein Vieh und sein Heer (die Pferde braucht er für seine 2000 Streitwagen).

Bald nach ihrer Beratung ziehen Obadja und Ahab los. Sie gehen nicht gemeinsam, sondern haben das Land unter sich aufgeteilt. Die Kontrolle der Hofhaltung ist in dieser Zeit wahrscheinlich Isebel überlassen. Man kann nur hoffen, dass es Obadja vor seiner Abreise noch gelungen ist, Maßnahmen zu treffen für die Versorgung seiner hundert versteckten Propheten.

In Vers 7 treffen sich der Hofmarschall und der Prophet, die ja in entgegengesetzte Richtungen unterwegs sind. Gleich verbeugt sich Obadja vor Elia. Er erkennt ihn als Gesandten Gottes an und nennt ihn *„mein Herr"*. Als Elia ihn aber dazu beauftragt, dem König zu berichten, dass er Elia gefunden hat, bricht Obadja zusammen. Der Mann, der beschrieben wird als einer, der Gott sehr fürchtet, der Mann, der es wagt, die Pläne von Königin Isebel zu sabotieren, hat auf einmal eine so große Angst, dass er völlig die Fassung verliert. Auch biblische Helden sind Menschen wie wir!

Obadja weiß besser als andere, wie intensiv man nach Elia gesucht hat. Jeder Schlupfwinkel des Landes ist durchsucht worden, sogar die Könige der Nachbarländer mussten schwören, dass man den Propheten in ihrem Reich nicht gefunden hatte (Vers 10). Irgendwie ist es Elia all die Jahre gelungen, unauffindbar zu bleiben. Wie soll Obadja wissen, ob er Elia vertrauen kann? Auch diesmal könnte er einfach vom Erdboden verschwinden und dann würde Obadja wie ein Lügner dastehen.

Elia weiß den Hofmarschall zu beruhigen, indem er ihm verspricht, dass er diesmal nicht verschwinden, sondern den König höchstpersönlich aufsuchen wird. Er unterstreicht sein Versprechen mit den Worten: *„So wahr der Herr der Heerscharen lebt, vor dem ich stehe"* (Vers 15). So hat sich der Prophet vor einigen Jahren schon dem König vorgestellt: als ein Mann, der vor Gott steht. Daran hat sich nichts geändert; Elia steht noch immer vor Gott und dient ihm von ganzem Herzen.

AHAB WIRD HERAUSGEFORDERT

In den letzten fünf Versen dieses Bibelabschnittes wird berichtet, dass Obadja König Ahab mitteilt, dass er Elia begegnet ist. Es ist auffallend, dass der König daraufhin nicht Elia zu sich bestellt, sondern sich auf den Weg macht, um ihn zu treffen. So sehr er diesen Menschen auch verabscheut, er weiß, dass er ihn braucht. Neben seinem Hass auf Elia muss er auch Angst vor ihm gehabt haben. Ahab hat nicht vergessen, wie Elia ihm damals am Hof entgegengetreten ist. Er hat das, was Elia ihm damals gesagt hat, tatsächlich erlebt: Sein Land ist vertrocknet, Menschen und Tiere sterben. Diesen Elia soll man ernst nehmen, ja sogar mit Achtung behandeln.

Dennoch ergreift der König als Erster das Wort, als er den Propheten trifft. Er beschuldigt ihn, dass er Israel ins Unglück gestürzt hat. Elia erwidert, dass das Umgekehrte der Fall ist. Die Dürre ist die Folge des Götzendienstes und des königlichen Ungehorsams dem Gott Israels gegenüber. Er sagt: *„Du hast die Gebote des Herrn verlassen und bist den Baalim nachgelaufen."* (Vers 18) Dann passiert etwas Unerhörtes: Elia fordert den König zu einer Art Duell auf zwischen ihm und den 950 Baal- und Ascherapropheten, *„die an Isebels Tisch essen"* (Vers 19). Der Ort, wo sich die zwei Parteien treffen werden, ist der Karmel, der Berg, wo die Feste Baals gefeiert werden. Auf diesem Berg werden rituelle Tänze aufgeführt, dort ritzen und verletzen sich Menschen mit Messern, dort werden Kinder bei lebendigem Leib verbrannt. Auf diesem Berg, nahe der Grenze zwischen Israel und Phönizien, soll sich entscheiden, welcher Gott der Herr ist.

Die Rollen sind vertauscht: Der Prophet gebietet und der König stimmt zu. Ahab versammelt die Baalspropheten und schickt Boten durch das Land, um Menschen dazu aufzurufen, zum Berg Karmel zu kommen. In den folgenden Tagen strömen die Einwohner Israels aus allen Ecken des Reiches herzu. Und Elia? Er hat niemanden, den er bestellen kann, niemanden, der auf seiner Seite steht. Außer Gott selbst. Besseres gibt es nicht.

FRAGEN ZU KAPITEL 5 (1. Könige 18,1-20)

1. Obadja war ein stiller Gläubiger am Königshof Israels. Dieser Hofmarschall hatte den Mut, hundert Propheten Gottes zu verstecken, während die Königin Jagd auf sie machte. Gibt es in unserer Zeit Situationen, in denen Ähnliches gefragt sein könnte?

2. Lesen Sie 1. Petrus 3,15-17.
   Was könnten Petrus' Worte in Ihrer Situation (in der Familie, am Arbeitsplatz oder im Freundeskreis) bedeuten?

3. Wie ist es machbar, seinen Vorgesetzten zu gehorchen oder einen Betrieb gut zu führen, ohne Gott gegenüber Kompromisse einzugehen?

Kapitel 6

WIE LANGE HINKT IHR AUF BEIDEN SEITEN?

1. Könige 18,21-40

Erschaffe mir, Gott, ein reines Herz, und erneuere in mir einen festen Geist.

Psalm 52,12

Niemand kann zwei Herren dienen, denn entweder wird er den einen hassen und den anderen lieben, oder er wird einem anhängen und den anderen verachten. Ihr könnt nicht Gott dienen und dem Mammon.

Matthäus 6,24

Und Elia trat zum ganzen Volk hin und sagte: Wie lange hinkt ihr auf beiden Seiten? Wenn der Herr der wahre Gott ist, dann folgt ihm nach; wenn aber der Baal, dann folgt ihm nach! Aber das Volk antwortete ihm kein Wort. Da sagte Elia zum Volk: Ich allein bin übrig geblieben als Prophet des Herrn, aber die Propheten des Baal sind 450 Mann. Man gebe uns nun zwei Stiere! Sie sollen sich den einen von den Stieren auswählen, ihn in Stücke zerschneiden und aufs Holz legen, aber sie sollen kein Feuer daran legen. Und ich, ich werde den anderen Stier zurichten und aufs Holz legen, und auch ich werde kein Feuer daran legen. Dann ruft ihr den Namen eures Gottes an, und ich, ich werde den Namen des Herrn anrufen. Und der Gott, der mit Feuer antwortet, der ist der wahre Gott. Da antwortete das ganze Volk und sagte: Das Wort ist gut. Und Elia sagte zu den Propheten des Baal: Wählt euch den einen Stier aus und richtet ihn zuerst zu! Denn ihr seid viele. Dann ruft den Namen eures Gottes an! Aber Feuer legt nicht daran! So nahmen sie den Stier, den man ihnen überlassen hatte, und richteten ihn zu. Darauf riefen sie vom Morgen bis zum Mittag den Namen des Baal an: Baal, antworte uns! Aber da war kein Laut, keine Antwort. Und sie hüpften um den Altar, den man gemacht hatte. Und es geschah am Mittag, da verspottete Elia sie und sagte: Ruft mit lauter Stimme, denn er ist ja ein Gott! Er ist sicher in Gedanken, oder er ist austreten gegangen, oder er ist auf der Reise; vielleicht schläft er, dann wird er aufwachen. Da riefen sie mit lauter Stimme und ritzten sich, wie es bei ihnen Brauch war, mit Messern und mit Spießen, bis das Blut an ihnen herabfloss. Und es geschah, als der Mittag vorüber war, da weissagten sie bis zur Zeit, da man das Speisopfer opfert; aber da war kein Laut, keine

Antwort, kein Aufhorchen. Da sagte Elia zum ganzen Volk: Tretet her zu mir! Und das ganze Volk trat zu ihm hin. Dann stellte er den niedergerissenen Altar des Herrn wieder her. Und Elia nahm zwölf Steine nach der Zahl der Stämme der Söhne Jakobs, zu dem das Wort des Herrn geschehen war, als er gesagt hatte: Israel soll dein Name sein! Und er baute von den Steinen einen Altar im Namen des Herrn; und er zog rings um den Altar einen Graben so breit wie für zwei Maß Saat. Dann schichtete er das Holz auf und zerschnitt den Stier in Stücke und legte ihn auf das Holz. Und er sagte: Füllt vier Eimer mit Wasser und gießt es auf das Brandopfer und auf das Holz! Und er sagte: Tut es zum zweiten Mal! Und sie taten es zum zweiten Mal. Und er sagte: Tut es zum dritten Mal! Und sie taten es zum dritten Mal. Da lief das Wasser rings um den Altar; und auch den Graben füllte er mit Wasser. Und es geschah zur Zeit, da man das Speisopfer opfert, da trat der Prophet Elia herzu und sprach: Herr, Gott Abrahams, Isaaks und Israels! Heute soll man erkennen, dass du Gott in Israel bist und ich dein Knecht und dass ich nach deinem Wort das alles getan habe. Antworte mir, Herr, antworte mir, damit dieses Volk erkennt, dass du, Herr, der wahre Gott bist und dass du selbst ihr Herz wieder zurückgewandt hast! Da fiel Feuer vom Herrn herab und verzehrte das Brandopfer und das Holz und die Steine und die Erde; und das Wasser, das im Graben war, leckte es auf. Als das ganze Volk das sah, da fielen sie auf ihr Angesicht und sagten: Der Herr, er ist Gott! Der Herr, er ist Gott! Und Elia sagte zu ihnen: Packt die Propheten des Baal, keiner von ihnen soll entkommen! Und sie packten sie. Und Elia führte sie hinab an den Bach Kischon und schlachtete sie dort.

1. KÖNIGE 18,21-40

*Unzählige Menschen sind aus allen Winkeln des Nordreiches Israel zu-
sammengeströmt, um das Spektakel zu sehen: ein unbedeutender Mann
aus Gilead wird es mit Baal, dem Gott Kanaans, aufnehmen. Ein einzelner Mann steht Hunderten Propheten gegenüber.*

Es herrscht eine knisternde Spannung, als Elia dem Volk entgegen-
tritt. Was hat dieser Mensch zu sagen, was kann er als einzelner
Mann gegenüber so vielen ausrichten? Würdig sieht er nicht aus, eher
armselig. Sein Mantel aus Kamelhaar hat bessere Zeiten erlebt, er ist
schmutzig, staubig und abgenutzt. Dennoch imponiert dieser Mann,
er hat etwas zu sagen. Das wird schon bei seinen ersten Worten erkennbar: *„Wie lange hinkt ihr auf beiden Seiten? Wenn der Herr der
(wahre) Gott ist, dann folgt ihm nach: wenn aber der Baal, dann folgt
ihm nach!"* (Vers 21)

Elias Worte sind ein Volltreffer und ein brillantes Wortspiel. Es ist
klar, das Volk soll sich endgültig entscheiden, wem es dienen will –
dem Gott Israels oder den Naturgöttern der Ureinwohner Kanaans.
Es ist aber das Wort *hinken*, das auch *hüpfen* bedeutet, mit dem Elia
das Volk mitten ins Herz trifft. Hiermit spielt er auf das kultische
Tanzen der Baalspropheten an. Auch an diesem Tag werden diese
Propheten ihren Tanz auf dem Berg Karmel aufführen: In Vers 26
hüpfen und hinken sie stundenlang um ihren Altar in der Hoffnung,
Baal zu einer Reaktion zu bewegen.

AUFGEJAGT VON STUMMEN GÖTTERN

Was hier vorgeht, ist nicht neu. Diese Botschaft Elias haben wir
schon aus dem Mund von Mose und Josua gehört. Fast direkt nach
der wunderbaren Befreiung aus Ägypten, die Gott seinem Volk ge-
schenkt hatte, hatte man schon *gehinkt.* Immer wieder wurde geklagt
und gemurrt, immer wieder zweifelte man an Gottes Güte und Treue.
Der dramatische Tiefpunkt war der Tanz um das goldene Kalb.[28]

Damals schon wurde Gottes Kindern klar gesagt, dass man nicht

---

28 2. Mose 32,1-6

auf zwei Hochzeiten tanzen kann. Damals schon wurden sie herausgefordert, sich zu entscheiden, wem sie dienen wollten. Sie sollten nicht unbedenklich der Mehrheit folgen[29], sondern klar für sich entscheiden, was dran war. Aus dieser Zeit stammt Josuas kräftige Aussage: *„Ich aber und mein Haus, wir wollen dem Herrn dienen!"*[30]

Wiederum wird uns klar, wie aktuell die Geschichte und Botschaft Elias sind. Auch heute zeigen wir uns oft schwach und neigen dazu, der Mehrheit zu folgen. Unsere Götter heißen nicht Baal oder Aschera, sondern Mammon, Hedon oder Eros. Wir beten sie an – Geld, Genuss, Sex und vieles andere. Zwar wird nicht von uns verlangt, dass wir kultische Tänze aufführen oder uns mit Messern bis aufs Blut ritzen, dennoch tanzen wir nach den Pfeifen der modernen Götzen und werden dabei beschädigt und verwundet. Während wir danach jagen, immer mehr zu haben, zu genießen, zu erreichen, entgeht uns, dass wir die Gejagten sind. Auf den Altären der Moderne opfern wir unsere Gesundheit (die übrigens für viele auch zum Abgott geworden ist), unsere Ehe, unser Familienleben, unsere Zeit, unsere Freiheit. Am Straßenrand unserer Welt liegen die, die dem modernen Götzendienst erlegen sind – die Enttäuschten, die Erschöpften, die Ausgebrannten.

Jesus hat gesagt, dass niemand zwei Herren dienen kann. Er fügte hinzu: *„Ihr könnt nicht Gott dienen und dem Mammon"* (d. h. dem Besitz oder Vermögen).[31] Wer Abgöttern dient, sieht sich betrogen: Er wird aufgejagt, gedemütigt und beschädigt. Wer aber dem Gott der Bibel dient, wird beschenkt: Er kommt zur Ruhe und wird erquickt. Er darf ganz Mensch sein und sogar ein Freund des Allerhöchsten.[32]

---

29 2. Mose 23,2; vgl. 1. Samuel 15,24

30 Josua 24,15

31 Matthäus 6,24

32 Johannes 15,15; siehe auch Psalm 25,14

ZUVERSICHTLICH

Wir kehren zurück zum Berg Karmel, wo Elia vor einer schweigenden Menschenmenge und Hunderten Baalspropheten steht. Es ist erschütternd, dass niemand den Mut hat, auf Elias Aufforderung, dem Gott Israels nachzufolgen, zu reagieren. Gottes Kinder stehen da als stumme, pathetische Zuschauer. Warum schweigen sie? Fehlt ihnen eine klare Überzeugung, ist ihnen das alles gleichgültig, oder haben sie Angst vor der scheinbaren Übermacht der Baalspropheten?

Obwohl Elia ganz allein dasteht, gibt er sich nicht geschlagen, sondern tritt nach wie vor stark und mutig auf. Das ist das Kennzeichen eines Mannes (oder einer Frau) Gottes, dass man sich nicht dem Zweifel ergibt oder sich einschüchtern lässt, sondern aufsteht und ohne Angst vorangeht. Die Haltung Elias spricht eine deutliche Sprache. Sie gründet sich auf den festen Glauben an den lebendigen Gott. Elia ist überzeugt und „überführt" von dem, was zwar nicht sichtbar, aber trotzdem wahr ist.[33]

Zum Berg Karmel werden zwei Opferstiere gebracht. Elia gibt den Baalspropheten den Vorrang: Sie dürfen sich ihren Stier auswählen und ihn zuerst opfern. Der Stier muss geschlachtet, in Stücke zerschnitten und aufs Holz gelegt werden. Danach wird es spannend, denn Feuer dürfen sie nicht selbst machen. Es ist ja letztendlich ein Wettkampf zwischen dem Baal und dem Gott Israels und es geht darum, welcher Gott mit Feuer antwortet.

Elia ist zuversichtlich. Denkt er an Mose, der erlebte, dass beim ersten Opfer im Zelt der Begegnung die Herrlichkeit des Herrn erschien und Feuer das Brandopfer und die Fettstücke auf dem Altar verzehrte?[34] Denkt er an die Geschichte Davids, der das Feuer Gottes erlebte, als er im Auftrag Gottes auf dem Berg Morija einen Altar baute und Opfer brachte?[35]

Inzwischen haben die Baalspriester damit begonnen, den Namen

---

33 Hebräer 11,1

34 3. Mose 9,23-24, siehe auch 1. Chronik 21,26

35 1. Chronik 21,26, an diesem Ort baute Salomo später den Tempel, siehe 2. Chronik 3,1

ihres Gottes anzurufen. Sie haben aber keinen Erfolg, es kommt keine Antwort. Vom Morgen bis zum Mittag hüpfen sie um ihren Altar. Die Menschenmenge, die zunächst neugierig und voller Spannung zugeschaut hat, wird langsam müde, ihre Aufmerksamkeit erschlafft. Sind sie dazu zum Karmel gereist, um stundenlang Baalspropheten zuzusehen, die einen Gott anrufen, der stumm bleibt?

Zu Mittag tut sich aber etwas: Elia spricht. Er verspottet die Baalspriester und sagt ihnen, dass sie lauter rufen sollen, weil ihr Gott sie anscheinend nicht hört. Ob er in Gedanken ist oder auf die Toilette gegangen, ob er auf einer Reise ist oder schläft? Die Haltung Elias erinnert uns an Psalm 2,4, wo es heißt: *Der im Himmel thront, lacht, der Herr spottet über sie.* Es wird auch immer deutlicher: Baal mag der Gott des Regens, der Sonne und des Sturms sein, er ist aber ein stummer Gott.

Die Baalspropheten geben jedoch nicht auf. Nach Elias Spöttelei geht es erst richtig los. Sie schreien lauter und fangen an, sich mit Messern und mit Spießen zu ritzen. Blutüberströmt hüpfen und tanzen sie um ihren Altar. Wie unendlich tragisch, dass sie meinen, den Baal auf diese Weise zu einer Reaktion bewegen zu können. Wie ist das nur möglich, dass sich sogar Gottes Volk dazu hat verführen lassen, an diesen Abgott zu glauben?

DER LEBENDIGE GOTT ISRAELS

Als der Mittag vorüber ist, geraten die Baalspriester in Raserei bis zur Zeit, da man in Jerusalem das Speisopfer opfert (Vers 29). Es ist ungefähr 15 Uhr und die Stunde Gottes. Jetzt wird der Heilige Israels am Berg Karmel von sich hören lassen.

Elia tritt nach vorne und ruft das ganze Volk zu sich. Während alle zuschauen, baut er den niedergerissenen Altar des Herrn wieder auf. Das ist auffallend und auch bitter, dass es am Berg Karmel einen Altar Gottes gegeben hat, der vernichtet worden ist. Wer hat diesen Altar einst aufgerichtet? Haben sich dort vielleicht Gläubige getroffen, bis es zu gefährlich wurde? Kann es sein, dass dieser Altar gebaut wurde, weil es für die Einwohner des Nordreiches nicht so einfach war, Anteil zu nehmen an dem Tempeldienst in Jerusalem? Und wer hat diesen Altar niedergerissen? Sind es die Baalspropheten gewesen, oder hat Isebel ihre Handlanger dazu beauftragt? Wie dem auch sei, Elia baut Gottes Altar wieder auf. Es ist ein kräftiges Zeugnis: Menschen mögen diesen Altar vernichtet haben, es ist ihnen aber nicht gelungen, den lebendigen Gott zu vernichten.

Es geht ein Schaudern durch die Reihen, als der Prophet zwölf Steine nimmt. Diese zwölf Steine, nach der Zahl der Stämme Israels, sprechen von der Einheit Israels, die es seit Jahren nicht mehr gibt. Die südlichen Stämme sind ja getrennt von den übrigen, es besteht eine bittere Teilung in ein Nordreich Israel und ein Südreich Juda. Die Menschen, die heute am Berg Karmel dabei sind, sind Vertreter der zehn Stämme des Nordreiches. Und Elia wagt es, die Einheit des Volkes Gottes im Nord- und im Südreich zu unterstreichen! Ja, die von Gott gemeinte Einheit![36] Das ist es, was ein Mann Gottes tut: Er offenbart Gottes heiligen Willen, er hält fest an dem, was Gott vorhatte und vorhat!

Nachdem Elia den Altar Gottes *im Namen des Herrn* wieder aufgerichtet hat, zieht er um den Altar herum einen breiten Graben. Dann schichtet er das Holz auf und bereitet das Opfer vor. Es ist ein Stier, das hat er vorher bestimmt, und auch das hat seine Bedeutung. Ein Stieropfer ist als Sündopfer für die eigenen, persönlichen Sünden vorgesehen.[37] Elia kann nicht im Namen des Volkes opfern, solange es nicht klar ausgesprochen hat, dass es nicht länger Baal, sondern Gott dienen will. Es ist aber noch immer eine schweigende Menschenmasse, die zuschaut. Dass Baal in den vergangenen Stunden nichts von sich hat hören lassen, hat sie nicht dazu bewegt, sich von ihrem Götzendienst zu bekehren. Aus diesem Grund opfert Elia einen Stier. Für sich.

Jetzt besprenkelt der Prophet das Opfer und das Holz mit Wasser. Besprenkelt? Nein, er übergießt, er durchtränkt es, sodass das Wasser

36 vgl. 2. Mose 24,4 und Josua 4,1-9

37 3. Mose 16,6

um den Altar läuft und den breiten Graben füllt. Mit dieser Aktion bringt er sich selbst in einen Nachteil, denn er macht es nach menschlichem Ermessen nahezu unmöglich, dass sein durch und durch nasses Opfer je Feuer fangen wird. Dazu braucht es ein Wunder. Und das geschieht![38]

GOTT DIE EHRE

Der Altar und das Opfer sind durchnässt und die Zuschauer wahrscheinlich wieder hellwach, als Elia vor allen Menschen laut zu seinem Herrn, dem Gott Abrahams, Isaaks und *Israels* betet.[39] Der Prophet betet nicht für sich, er bittet Gott nicht darum, dass seine Aktion gelingt, nur damit er selbst nicht zuschanden wird. Er bittet Gott um eine Antwort, *„damit dieses Volk erkennt, dass du, Herr, der wahre Gott bist und dass du selbst ihr Herz wieder zurückgewandt hast!"* (Vers 37) Das Einzige, das der Prophet über sich selbst sagt, ist, dass man erkennen soll, dass er Gottes Knecht ist, der nach Gottes Wort gehandelt hat. Anders gesagt: Elia bittet Gott um die Bestätigung, dass er nicht auf eigene Faust gesprochen und gehandelt hat, sondern auf Gottes Wort und mit seiner Vollmacht. Es geht Elia um *Gottes* Ehre: Menschen sollen erkennen, dass der Gott Israels der einzig wahre Gott ist. Dafür allein sind die Wunder Gottes gemeint: Es sind himmlische Zeichen, die Menschen wachrütteln und zur Einsicht und Umkehr bringen sollen. Wer in seinem Leben Wunder Gottes erleben darf, darf sich freuen und Gott dafür danken, es geht aber letztendlich nicht um uns, sondern um Gott, der sich in dem Wunder groß und allmächtig zeigt.[40]

---

38 Wo Elia in einer Zeit großer Dürre das viele Wasser herholt, darüber gibt es verschiedene Theorien. Wasser soll z. B. aus dem Bach Kischon oder sogar aus dem Meer geholt worden sein. Am Naheliegendsten ist, dass man in der Nähe des Ortes der Konfrontation zwischen den Baalspriestern und Elia einen Brunnen gefunden hat, der nicht vertrocknet war. Möglicherweise ist das in Bir-el-Murhaka gewesen.

39 In Gegensatz zu Vers 31 erwähnt Elia hier Jakobs neuen Namen Israel (vgl. 1. Mose 32,29)!

40 vgl. Johannes 2,11

Am Berg Karmel zeigt Gott seine Herrlichkeit. Kaum hat Elia gesprochen, da antwortet der, der sich selbst ein verzehrendes Feuer nennt[41], mit einem Feuer. Es fällt aus heiterem Himmel und verzehrt nicht nur das Brandopfer, sondern auch das Holz, die Steine und die Erde. Auch vom Wasser im Graben ist keine Spur mehr zu sehen. Innerhalb weniger Sekunden ist die Sache klar entschieden: Unumstößlich ist bewiesen, wer der wahre Gott ist. Überwältigt und entsetzt fallen die Menschen auf ihr Angesicht. Auf einmal sprechen sie, und zwar alle: „Der Herr, *er* ist Gott! Der Herr, *er* ist Gott!" (Verse 38-39) Es ist ein riesiger Chor Tausender Stimmen, nur die Baalspropheten schweigen.

Was folgt, ist schauderhaft, aber dennoch notwendig. *„Und Elia sagte zu ihnen: Packt die Propheten des Baal, keiner von ihnen soll entkommen"* (Vers 40). Beim Bach Kischon, wo Barak zur Zeit der Richter den Heerobersten des kanaanitischen Königs Jabin besiegte[42], fließt Blut. Die Propheten, die Gottes Volk jahrelang in die Irre geführt haben, werden von der wütenden Menschenmenge getötet. Der Mord an Isebels Propheten ist eine Abrechnung, es wird ein Schlussstrich gesetzt. Die Körper der Baalspriester werden in einigen Stunden vom Regen durchnässt und vom anschwellenden Bach zum Mittelmeer mitgeführt werden. Das ist das grausame Ende einer Geschichte, in der sich der Gott Israels als Herr zeigt.

---

41 5. Mose 4,24

42 Richter 4,7.13. Der Bach oder Fluss Kischon lag in dem Tal nördlich des Berges Karmel. Er durchzog das Jesreel-Tal von Osten nach Nordwesten.

Fragen zu Kapitel 6

1. Erkennen Sie sich in den folgenden Worten wieder?
   „... wir tanzen nach den Pfeifen der modernen Götzen und werden dabei beschädigt und verwundet. Während wir danach jagen, mehr zu haben, mehr zu genießen, mehr zu erreichen, entgeht es uns, dass wir die Gejagten sind. Auf den Altären unserer Zeit opfern wir unsere Gesundheit, unsere Ehe, unser Familienleben, unsere Zeit, unsere Freiheit. Am Straßenrand unserer Welt liegen die, die dem modernen Götzendienst erlagen – die Enttäuschten, die Erschöpften, die Ausgebrannten."
   Welches könnten die Abgötter in Ihrem Leben sein? Was ist nötig, um frei von ihren Ansprüchen zu werden?

2. Elia steht einer schweigenden Menschenmenge gegenüber. War das Lethargie oder Gleichgültigkeit Gott gegenüber? Oder hatte man Angst, sich klar zu Gott zu bekennen? Wie sieht das bei Ihnen aus?

3. Viele Jahre zuvor sagte Josua zu dem Volk: *„Ich und mein Haus, wir wollen dem Herrn dienen"* (Josua 24,15).
   Was bedeutet Ihnen dieses Bekenntnis heute? Wie zeigt sich das?

Kapitel 7
Vom Karmel nach Jesreel
1. Könige 18,41-46

Und die Hand des Herrn kam über Elia ...

Vers 46

Hast du es nicht erkannt, oder hast du es nicht gehört? Ein ewiger Gott ist der Herr, der Schöpfer der Enden der Erde. Er ermüdet nicht und ermattet nicht, unergründlich ist seine Einsicht. Er gibt dem Müden Kraft und dem Ohnmächtigen mehrt er die Stärke. Jünglinge ermüden und ermatten, und junge Männer straucheln und stürzen. Aber die auf den Herrn hoffen, gewinnen neue Kraft: sie heben die Schwingen empor wie die Adler, sie laufen und ermatten nicht, sie gehen und ermüden nicht.

Jesaja 40,28-31

Und Elia sagte zu Ahab: Geh hinauf, iss und trink! Denn da ist ein Geräusch vom Rauschen des Regens. Da ging Ahab hinauf, um zu essen und zu trinken. Elia aber stieg auf den Gipfel des Karmel. Und er beugte sich zur Erde und legte sein Gesicht zwischen seine Knie. Und er sagte zu seinem Diener: Geh doch hinauf, halte Ausschau auf das Meer hin! Und er ging hinauf und hielt Ausschau und sagte: Es ist nichts da. Und er sagte: Geh wieder hin! So siebenmal. Und es geschah beim siebten Mal, da sagte er: Siehe, eine Wolke, so klein wie die Hand eines Mannes, steigt aus dem Meer herauf. Da sagte Elia: Geh hinauf, sag zu Ahab: Spanne an und fahre hinab, damit der Regen dich nicht aufhält! Und es geschah unterdessen, da wurde der Himmel schwarz von Wolken und Wind, und es kam ein starker Regen. Und Ahab bestieg den Wagen und fuhr nach Jesreel. Und die Hand des Herrn kam über Elia; und er gürtete seine Hüften und lief vor Ahab her bis nach Jesreel hin.

1. KÖNIGE 18,41-46

Bei den haarsträubenden Ereignissen am Berg Karmel scheint König Ahab sich ein wenig im Hintergrund gehalten zu haben. Zwar war er anwesend, aber wir haben ihn nicht direkt gesehen oder gehört. Dieser Mann war ohne seine Frau Isebel nicht viel wert. Hätte er ein Handy gehabt, dann hätte er wahrscheinlich ununterbrochen mit ihr telefoniert, um sie auf dem Laufenden zu halten. Wer weiß, wie sehr ihn der Gedanke plagte, dass er seiner Frau die demütigende Niederlage beichten und die Nachricht vom Mord an den Baalspropheten überbringen musste.

Elia zeigt sich Ahab gegenüber freundlich. Der König soll sich stärken und essen und trinken, bevor sich der Himmel öffnet und seine Wasserströme über das vertrocknete Land ausgießt. Wiederum sind die Rollen vertauscht: Der Prophet sagt dem König, was er tun soll, und der König gehorcht. Während Ahab den Berg hinaufgeht (wahrscheinlich vom Bach Kischon aus), steigt Elia auf den Gipfel des Karmel. Dort beugt er sich zur Erde, sein Gesicht zwischen die Knie. Zieht der Prophet sich mit dieser Haltung zurück, sucht er die Abgeschiedenheit, die er vor Jahren am Bach Krit kennenlernte? Macht er sich klein vor Gott? Eins ist deutlich: Der Prophet redet mit seinem Gott.

Elia muss erschöpft sein, denn er hat, nach menschlichem Ermessen, eine Gipfelleistung vollbracht. Nachdem alles vorbei ist, setzt er sich nieder und betet. In diesem Moment wird nichts anderes von ihm verlangt als zu warten, bis Gott den lang ersehnten Regen sendet. Und so wartet Elia. Und er betet. Und wartet. *„Elia betete inständig"*, schreibt Jakobus in seinem Brief, *„dass es nicht regnen möge, und es regnete nicht auf der Erde drei Jahre und sechs Monate. Und wieder betete er, und der Himmel gab Regen ..."*[43]

GLAUBEN HEISST ERWARTEN

Auf dem Gipfel des Berges tut Elia mehr als nur beten und warten. Er erwartet, dass Gott handelt. Zwar hat der Prophet dem König gesagt, dass er schnell etwas trinken und essen soll, weil er schon ein

---

43 Jakobus 5,17-18

Geräusch vom Rauschen des Regens wahrgenommen hat, diese Wahrnehmung aber ist eine *Glaubens*wahrnehmung. Es gibt ja noch keine Spur von Regen, keine Wolke ist zu sehen, nichts ist zu hören, das auf Regen deutet!

Das ist Glaube: das Festhalten an dem, was noch nicht sichtbar, aber trotzdem wahr ist, das Rechnen mit der unsichtbaren Realität Gottes. Wie Kaleb und Josua, die zwei Kundschafter, die als Einzige fest daran glaubten, dass man das gelobte Land einnehmen konnte. Ihre Kollegen dagegen ließen sich überführen von der sichtbaren Realität: ein Land, in dem Menschen lebten, die groß und stark wie Riesen waren, Städte, die fest ummauert waren. Für sie war das klar: Das wird nichts! Kaleb war anderer Meinung, weil *„in ihm ein anderer Geist war"*.[44]

Auch Elia hält fest an Gottes Allmacht und Kraft. Der Prophet ist davon überzeugt, dass Gott Regen schenken wird. Baal wurde besiegt, Gottes Volk hat ausgesprochen, dass der Gott Israels der Herr ist. Jetzt wird Gott antworten und sein Volk wieder segnen, indem ihr Land bewässert und wieder fruchtbar wird.

Elias Erwartung des Regens wird sichtbar, indem er seinen Diener beauftragt, hinaufzugehen und Ausschau in Richtung auf das Meer zu halten (Vers 34). Auffallend ist, dass von diesem Diener bisher keine Rede war. Wo er herkam und wann er sich Elia angeschlossen hat, erfahren wir nicht. Er ist einfach da und wird in 1. Könige 18 insgesamt sieben Mal von Elia beauftragt, um Ausschau zu halten, ob sich schon etwas tut, was auf kommenden Regen hinweist. Anscheinend befindet sich Elia an einer Stätte, von wo aus er das Meer nicht direkt sehen kann. Der Diener klettert also sieben Mal zu einem Aussichtspunkt hoch. Die ersten sechs Male hat er nichts zu melden, denn es tut sich nichts. Beim siebten Mal aber bringt er eine Botschaft der Hoffnung: Aus dem Meer steigt eine kleine Wolke auf. Es ist nur eine *kleine* Wolke, dennoch setzt sie alles in Bewegung. Elias Diener soll König Ahab direkt informieren und ihm sagen, dass er sich gleich auf den Weg machen soll, damit der Regen ihn nicht auf-

---

44 4. Mose 13,30-31 und 14,24

hält. Wenn es richtig zu regnen beginnt, wird der vertrocknete Weg zu einer einzigen Schlammpfütze, in der Ahabs Wagen stecken bleiben wird.

BEFLÜGELT

Während der Himmel schwarz von Wolken wird und ein starker Wind aufkommt, naht der Regen. König Ahab kommt gerade noch rechtzeitig weg. Er fährt direkt zu seinem Sommersitz in Jesreel. Es ist eine beachtliche Strecke, die er zurücklegen muss,[45] und diese Strecke läuft Elia. Es ist Gott selbst, der in seinem Propheten ein heiliges Feuer anzündet: *„Die Hand des Herrn kam über Elia; und er gürtete seine Hüften und lief vor Ahab her bis nach Jesreel hin"* (Vers 46). Von Müdigkeit keine Spur, es ist, als habe der Prophet Flügel bekommen. Er läuft dem Wagen des Königs nicht nach, er überholt ihn, bis er, den Kamelhaarmantel hochgezogen und unter seinen Gürtel geklemmt, vor dem Wagen des Königs läuft. Damit tut Elia etwas, das damals im Nahen Osten üblich war (dennoch in dieser Situation sehr auffallend), es gingen immer Läufer vor dem Wagen des Königs. Elia gibt König Ahab diese Ehre.

Ich muss bei diesem Vers immer an Jesaja 40,29-31 denken: *„Er – der Herr, der ewige Gott und Schöpfer der Enden der Erde – gibt dem Müden Kraft und dem Ohnmächtigen mehrt er die Stärke. Jünglinge ermüden und ermatten, und junge Männer straucheln und stürzen. Aber die auf den Herrn hoffen, gewinnen neue Kraft: sie heben die Schwingen empor wie die Adler, sie laufen und ermatten nicht, sie gehen und ermüden nicht."* Nach äußerst intensiven und dramatischen Stunden läuft Elia eine beachtliche Strecke, ohne nach Atem zu ringen oder zusammenzubrechen. Was muss der König gedacht haben? Dass es spukte oder dass er halluzinierte. Nun, es war etwas ganz anderes im Gange: Gott gab Elia übermenschliche Kraft, sodass er bis nach Jesreel über den Weg flog!

---

45 Jesreel war eine Stadt im Erbteil des Stammes Issaschar. Sie lag ungefähr 24 bis 40 km östlich des Karmel-Gebirges.

Wie es den Menschen gegangen ist, die aus allen Winkeln des Nordreiches zum Berg Karmel gekommen waren, wird uns nicht gesagt. Ob sie noch lange beieinander geblieben sind oder ob sie sich gleich auf den Weg nach Hause gemacht haben, erfahren wir nicht. Diese Menschen, die für den Baalsdienst sogar ihre eigenen Kinder geopfert hatten, müssen völlig desillusioniert und entsetzt gewesen sein, als Baal als stummer Abgott entlarvt wurde. Es war alles umsonst gewesen, sie standen mit leeren Händen da. Dennoch hatten sie den lebendigen Gott am Werk gesehen, und sie waren umgekehrt. Oder doch nicht?

Fragen zu Kapitel 7

1. Lesen Sie 1. Könige 8,35-36.
   Elias Haltung erinnert an die Worte von König Salomo bei der Tempelweihe in Jerusalem, als das Reich noch nicht geteilt war. Der König zeigte sich zuversichtlich, dass Gott, wenn das Volk von seiner Sünde umkehren würde, es hören und vergeben und es wieder Regen geben würde *auf dein Land, das du deinem Volk zum Erbteil gegeben hast.*

2. Elia wartet geduldig auf den Regen, den Gott bringen wird. Er muss verkraften, dass sein Diener sechs Mal mit einer enttäuschenden Nachricht vom Berggipfel zurückkehrt: Es sieht nicht nach Regen aus.
   Was können wir in Bezug auf das Warten auf Gott von dem Propheten lernen? Was ist dafür nötig, dass uns dabei das aktive Erwarten nicht verloren geht und wir nur noch abwarten oder vergessen?

3. Was ist – nach Jesaja 40,29-31 – nötig, um neue (bzw. Gottes) Kraft zu gewinnen? Wie sieht das in Ihrem Alltag aus?

Kapitel 8
AM BODEN ZERSTÖRT
1. Könige 19,1-5a

Da wünschte er sich, sterben zu können ...

Vers 4

Und sage ich: Ich will nicht mehr an ihn denken und nicht mehr in seinem Namen reden, so ist es in meinem Herzen wie brennendes Feuer, eingeschlossen in meinen Gebeinen. Und ich habe mich vergeblich abgemüht, es weiter auszuhalten, ich kann nicht mehr!

Jeremia 20,9

Und Ahab berichtete der Isebel alles, was Elia getan hatte, und den ganzen Hergang, wie er alle Propheten mit dem Schwert umgebracht hatte. Da sandte Isebel einen Boten zu Elia und ließ ihm sagen: So sollen mir die Götter tun, und so sollen sie hinzufügen! Ja, morgen um diese Zeit mache ich dein Leben dem Leben eines von ihnen gleich! Da fürchtete er sich; und er machte sich auf und lief um sein Leben und kam nach Beer-scheba, das zu Juda gehört; und er ließ seinen Diener dort zu-rück. Er selbst aber ging in die Wüste eine Tagereise weit und kam und ließ sich unter einem einzelnen Ginsterstrauch nie-der. Da wünschte er sich, sterben zu können, und sagte: Es ist genug. Nun, Herr, nimm mein Leben hin! Denn ich bin nicht besser als meine Väter. Dann legte er sich nieder und schlief unter dem einen Ginsterstrauch ein. Und siehe da, ein Engel rührte ihn an und sprach zu ihm: Steh auf, iss!

1. KÖNIGE 19,1-5A

Als Ahab vom Berg Karmel nach Hause kommt, wird er schon von seiner Frau erwartet. Wie Isebel diesen dramatischen Tag verbracht hat, wird uns nicht erzählt. Vielleicht hat sie es sich bequem gemacht und sich auf der Terrasse oder im Garten von ihren Dienern mit leckeren Häppchen verwöhnen lassen. Vielleicht hat sie ausführlich gebadet oder ihre Nägel maniküren lassen. Die Königin macht sich keinerlei Sorgen, denn sie ist davon überzeugt, dass der Gott Israels in dem Wettkampf den Kürzeren ziehen wird. Als aber Ahab nach Hause kommt, erlebt sie einen Schock.

Es gibt Menschen, deren Herzen so verhärtet sind, dass sie nicht locker lassen und stur an ihrer Meinung festhalten, trotz überzeugender Beweise ihres Unrechts. Isebel gehört zu diesen Menschen. Als Ahab ihr bis ins Detail berichtet, was sich am Berg Karmel abgespielt hat, bekommt sie einen Wutanfall. Die Königin ist keineswegs dazu bereit, ihr Unrecht einzugestehen und zu erkennen, dass der Gott Israels sich am Berg Karmel offenbart hat und sein Urteil über ihre Baalspropheten vollzogen hat. Kaum hat ihr Mann ausgeredet, bestellt sie schon einen ihrer Boten, der Elia eine Nachricht überbringen soll. Und zwar direkt! Isebel wird jetzt eingreifen und dafür sorgen, dass Elia – wie die anderen Propheten Gottes – eliminiert wird.

Der König kann gehen und er geht auch! Es ist kaum zu glauben, dass Ahab, der dabei war, als Gottes Feuer vom Himmel fiel und die Propheten umgebracht wurden und der Regen kam, nicht imstande ist, seine Frau auf andere Gedanken zu bringen und sie von ihren bösen Plänen abzuhalten. Es ist klar, wer im Palast die Hosen anhat und wie schwach dieser König ist.

TÖDLICHE WORTE

Der Prophet hat die Nacht wahrscheinlich in der direkten Umgebung der Stadt Jesreel (oder in der Stadt selbst) verbracht. Der Bote hat auf jeden Fall kein Problem damit, ihn zu finden und ihm Isebels Botschaft zu übermitteln. Sie lässt Elia ausrichten, dass er das Geschehen am Berg Karmel mit seinem Leben bezahlen wird. Er steht auf ihrer Todesliste: Morgen um diese Zeit wird es ihn schon nicht mehr geben. Es ist die Botschaft einer wütenden, tobenden Frau, die um sich schlägt, weil sie bedroht wird und ihre Macht zur Diskussion steht. Dennoch weiß Isebel, Elia, den Mann Gottes, mitten ins Herz zu treffen. Der Prophet wird von Angst gepackt und verliert seine Fassung. Er ergreift die Flucht.

Es ist doch unglaublich, wie uns Menschen in Angst versetzen können! Es braucht oft nur ein paar Worte, eine negative Bemerkung oder Kritik und wir geraten aus der Fassung. Jakobus hat recht: Die Zunge ist ein Feuer, *„ein unstetes Übel, voll tödlichen Giftes"*. Wir sind dazu imstande, mit unserer Zunge Menschen, die nach dem Bild Gottes geschaffen sind, zu verwünschen oder zu verfluchen.[46]

Dass Worte tödlich sein können, erfährt auch Elia. Ab dem Moment, als ihn die Botschaft Isebels erreicht, wird er von einem Gedanken beherrscht: Man wird mich umbringen, ich werde sterben. Innerhalb weniger Minuten verändert sich der mutige Prophet in ein Häufchen Elend, das um sein Leben bangt und davonrennt. In seinen Gedanken wird aus Isebel ein großes, mächtiges Heer, das ausgerückt ist, um ihn zu töten.

Wie ist das nur möglich? Vor gut drei Jahren ist dieser Elia mit einer Botschaft Gottes am Hof Ahabs erschienen. Dass er als einfacher Mann vom Lande in einen vornehmen Palast vor dem König stand, machte ihn nicht nervös. Dass er dort mit seinem Kamelhaarmantel und wilden Haaren eine sonderbare Erscheinung abgab, war ihm egal. Ohne eine Spur von Schüchternheit stellte er sich vor als einer, der vor Gott steht. Der Prophet war sich seiner Identität und seiner Berufung bewusst. Ihm war klar: Ich bin ein Gesandter Gottes, er selbst ist mein Helfer und meine Kraft. Am Berg Karmel ist Elia wieder kräftig und mutig aufgetreten. Er ließ sich nicht beirren von Hunderten Baalspropheten und einem großen Publikum, das unentschieden war, auf welcher Seite es stand. Wo ist dieser starke Prophet geblieben?

---

46 Jakobus 3,8-9

Vom Berg ins Tal

Jakobus schreibt, dass Elia ein Mann gleicher Empfindungen war wie wir. Anders gesagt: Elia wusste, wie das ist, wenn man von seinen Emotionen überwältigt wird. Elia war mal stark, dann wieder schwach. Er war mal zuversichtlich, dann aber unsicher und nervös. Es gab Tage, da war er den Anforderungen der Welt gewachsen, es gab aber auch Tage, da würde er sich am liebsten verstecken. Elia, der Mann Gottes, war ein Mensch wie wir. Es brauchte nur eine teuflische Botschaft Isebels und schon war er am Ende. Seine Angst vor Isebel sprach lauter als sein Wissen: Ich bin ein Mann, dessen Gott allmächtig und treu ist.

Lassen Sie uns nicht vergessen, was hinter Elia liegt. Der Sieg am Berg Karmel war ein absolutes Hoch. Und auf ein Hoch folgt oft ein Tief. Wir purzeln vom Berg direkt ins Tal, wo sich unsere Freude in Trauer verwandelt. Auf Freizeiten warne ich die Teilnehmer oft vor dieser Erfahrung. Wir haben es gut gehabt miteinander, wir haben uns intensiv mit Gottes Wort beschäftigt und sind beschenkt worden. Auf die Freizeit folgt aber der Alltag. Es sind zu Hause keine Wunder passiert: Die Spannungen in der Familie oder am Arbeitsplatz sind noch immer da, die Nachbarn beklagen sich nach wie vor darüber, dass das Klavierspiel des Sohnes nicht zu ertragen ist und der Hund ihr Blumenbeet wieder zerwühlt. Von der gestrigen Euphorie ist keine Spur mehr. Was geblieben ist, ist ein schweres, dunkles Gefühl von Enttäuschung und Ohnmacht. Wo ist der Sieg? Wo ist Gott?

Auch Elia kommt vom Berg ins Tal. Dort macht er sich auf und ergreift die Flucht. Er läuft um sein Leben und kommt nach Beerscheba, das zu Juda gehört (Vers 3). Der Prophet legt hundertfünfzig Kilometer in Richtung Süden zurück, bis er in der südlichsten Stadt des Südreiches Juda in der Negevwüste ist.

Es ist tragisch, dass Elia, der bisher immer auf Gottes Anweisungen gehandelt hat, sich in diesen Tagen von seiner Angst führen lässt. Man kann sich fragen, ob es Gottes Absicht war, dass er nach Beerscheba lief oder ob Elia das auf eigene Faust tat. Hatte er den Berg

Karmel vielleicht übereilt verlassen, als er mit König Ahab bis nach Jesreel lief? Wäre es nicht besser gewesen, bei den Menschen am Berg Karmel zu bleiben, um ihnen, nach allem, was passiert war, beizustehen? Man kann sich vorstellen, dass eine Nacharbeit oder Seelsorge in der gegebenen Situation nötig gewesen wäre. Gottes Volk hatte sich über Jahre betrügen und in die Irre führen lassen. Wer sollte ihnen helfen, diese Erfahrungen hinter sich zu lassen und sich Gott ganz zu widmen? Sie hatten zwar ausgerufen: „Der Herr, er ist Gott!", aber wie echt war ihre Umkehr? Sie riefen nicht: „Der Herr, er ist *unser* (oder *mein*) Gott!" War die Erkenntnis wirklich in ihr Herz gelangt? War das eine Bekehrung? Wie sollte es weitergehen, wenn sich nicht jemand als Berater oder Leiter anbot?

Am Ende des Tages am Berg Karmel steht man im Nordreich Israel an einer Kreuzung. Die Geschehnisse dieses Tages können eine Reformation unter dem Volk auslösen. Wer kann diese in eine gute Bahn lenken? Weder König Ahab noch Königin Isebel sind dafür die richtigen Personen. Und Elia hat den Berg übereilt verlassen und ist inzwischen in Beerscheba angekommen! Von seiner Kraft ist nichts mehr zu sehen, der Prophet ist am Ende. Und zwar so sehr, dass er aufgeben will.

ES IST GENUG

Es ist, als schneidet sich Elia in Beerscheba bewusst ab vom Leben. Der erste Schritt ist der, dass er seinen Diener zurücklässt (Vers 3). Damit verzichtet der Prophet auf ein Grundbedürfnis des Menschen. Es ist nicht gut, dass wir alleine sind. Das hat Gott schon bei der Schöpfung gesagt, und darum hat er Adam seine Eva als Lebenspartnerin gegeben. Wir Menschen sind angelegt auf Gemeinschaft. Die höchste Form dieser Gemeinschaft ist die Ehe, aber es gibt auch andere Formen. In der Bibel gibt es immer wieder Zweier- oder auch Dreierschaften, Menschen, die ein Stück ihres Lebensweges gemeinsam zogen und sich gegenseitig unterstützten. Mose, Aaron und Mirjam waren eine solche Dreierschaft, während Mose und Josua, Rut und Noomi, David und Jonatan oder Paulus und Barnabas Beispiele von starken Zweierschaften in der Bibel sind. Sogar Jesus, der Sohn Gottes, sammelte vertraute Menschen um sich.

Auf diese Unterstützung, auf dieses Zusammensein verzichtet Elia nun bewusst. Er lässt seinen Diener zurück. Elia hat nicht vor, wiederzukommen, dafür zieht er zu weit in die Wüste hinein. Der Prophet ist einem Menschen ähnlich, der bewusst alleine und ohne Ausrüstung, Nahrung und Wasser in die Einöde zieht. Es ist im Grunde Selbstmord, denn dieses Unternehmen wird ihm zum Verhängnis werden. Es sei denn, es geschieht ein Wunder.

In Vers 4 lässt sich Elia nach einer einsamen Tagesreise unter einem Ginsterstrauch nieder. Er wünscht sich den Tod und spricht das auch vor Gott aus: *„Es ist genug. Nun, Herr, nimm mein Leben hin! Denn ich bin nicht besser als meine Väter."*[47] Elia äußert, dass er kein Supermensch ist, der mehr aushalten kann als andere Menschen. Auch er, der Mann Gottes, hat seine Grenzen und kennt das Gefühl, nicht mehr weiter zu können und zu wollen. Was ihn betrifft, wird der Platz unter dem Ginsterstrauch sein Sterbebett. Er legt sich hin. Aber anstelle des Todes schenkt Gott ihm einen tiefen, erholsamen Schlaf.

---

47 Auch Gottesmänner wie Mose, Hiob und Jeremia kannten solche „schwarzen Gedanken", siehe z. B. 4. Mose 11,11-15, Hiob 6,1-9, Jeremia 20,14-18.

Fragen zu Kapitel 8

1. Isebels boshafte Worte wirken auf Elia wie ein giftiger Pfeil. Lesen Sie Jakobus 3,8-10. Wie sieht das (Ihr Reden) bei Ihnen aus?

2. Lesen Sie auch Sprüche 16,24. Wie kann man es lernen und üben, Menschen mit seinen Worten zu segnen? Lesen Sie Römer 12,14. Siehe auch Kolosser 3,12-14.

3. Auf ein Hoch folgt oft ein Tief. Wie kann man sich dagegen wappnen, dass man von Enttäuschungen heruntergezogen wird?

4. Denken Sie über die Zweierschaften biblischer Figuren nach. Wie war Rut ihrer Schwiegermutter ein Segen (u. a. Rut 1,16-18 und 2,11)? Was kennzeichnete die Freundschaft zwischen David und Jonatan (u. a. 1. Sam. 23,15-16)?

Kapitel 9
VON GOTT GEFUNDEN
1. Könige 19,5-14

Und siehe da, ein Engel rührte ihn an und sprach zu ihm:
„Steh auf, iss!"

Vers 5

Sollte Gott imstande sein, uns in der Wüste einen Tisch zu bereiten?

Psalm 78,19

Dann legte er sich nieder und schlief unter dem einen Ginsterstrauch ein. Und siehe da, ein Engel rührte ihn an und sprach zu
ihm: Steh auf, iss! Und als er aufblickte, siehe, da lagen neben
seinem Kopf ein Brotfladen, auf heißen Steinen gebacken, und
ein Krug Wasser. Und er aß und trank und legte sich wieder
hin. Und der Engel des Herrn kehrte zurück, kam zum zweiten
Mal und rührte ihn an und sprach: Steh auf, iss! Denn der Weg
ist zu weit für dich. Da stand er auf und aß und trank, und er
ging in der Kraft dieser Speise vierzig Tage und vierzig Nächte
bis an den Berg Gottes, den Horeb. Dort ging er in die Höhle
und übernachtete da. Und siehe, das Wort des Herrn geschah zu
ihm, und er sprach zu ihm: Was tust du hier, Elia? Und er sagte:
Ich habe sehr geeifert für den Herrn, den Gott der Heerscharen.
Deinen Bund haben die Söhne Israel verlassen, haben deine Altäre niedergerissen und deine Propheten mit dem Schwert umgebracht! Und ich allein bin übrig geblieben, ich allein, und nun
trachten sie danach, auch mir das Leben zu nehmen. Da sprach
er: Geh hinaus und stell dich auf den Berg vor den Herrn! Und
siehe, der Herr ging vorüber. Da kam ein Wind, groß und stark,
der die Berge zerriss und die Felsen zerschmetterte vor dem
Herrn her; der Herr aber war nicht in dem Wind. Und nach
dem Wind ein Erdbeben; der Herr aber war nicht in dem Erdbeben. Und nach dem Erdbeben ein Feuer, der Herr aber war
nicht in dem Feuer. Und nach dem Feuer der Ton eines leisen
Wehens. Und es geschah, als Elia das hörte, verhüllte er sein
Gesicht mit seinem Mantel, ging hinaus und stellte sich in den
Eingang der Höhle. Und siehe, eine Stimme geschah zu ihm:
Was tust du hier, Elia? Und er sagte: Ich habe sehr geeifert für
den Herrn, den Gott der Heerscharen. Deinen Bund haben die
Söhne Israel ja verlassen, haben deine Altäre niedergerissen und
deine Propheten mit dem Schwert umgebracht. Und ich bin übrig geblieben, ich allein, und nun trachten sie danach, auch mir
das Leben zu nehmen.

1. KÖNIGE 19,5-14

Ich liebe den Psalmvers, in dem es heißt, dass es keinen Sinn hat, sich abzumühen und immer in Sorge zu sein, weil Gott es denen, die ihn lieben, im Schlaf schenkt.[48] *Man kann sich fragen, was dieses ‚es' das Gott seinen Kindern schenken will, beinhaltet. Bei Elia ist das klar. Der Herr schenkt ihm Ruhe und ein leckeres Essen. Der Prophet ist noch im Tiefschlaf, als ihn ein Engel anrührt und ihn dazu auffordert, aufzustehen und zu essen.*

Da ist sie wieder, diese Aufforderung aufzustehen. Elia muss in seinem Leben einige Male aufstehen und sich in Bewegung setzen. Das erste Mal ist es in seinem Wohnort Tischbe in Gilead: Er muss seine vertraute Welt verlassen, um Israels König eine Botschaft Gottes zu bringen. Nach einer Zeit der Einsamkeit am Bach Krit muss er wieder aufstehen und nach Zarpat reisen, um dort eine Weile bei einer Witwe und ihrem Sohn zu verweilen. Auch dort kommt die Zeit, dass er aufstehen und aufbrechen muss, um zum König Israels und danach zum Berg Karmel zu gehen. Jetzt, in der Wüste Judas, ist es wieder so weit: *„Steh auf!"* Noch halb im Schlaf nimmt Elia den Duft frischgebackenen Brotes wahr. Wenn er seine Augen aufmacht, stehen direkt neben seinem Kopf ein dampfender Brotfladen und ein Krug Wasser. Ein von Gott gedeckter Tisch in der Wüste. Elia richtet sich auf, isst und trinkt und legt sich wieder hin. Zwar hat dieses Mahl ihm gutgetan, aber er ist noch immer erschöpft. Zu erschöpft, um richtig wahrzunehmen, was hier passiert, zu erschöpft, um mit dem Engel zu reden. Der Engel aber kommt zurück. Diesmal wird er bezeichnet als *der Engel des Herrn*, eine alttestamentliche Bezeichnung für Jesus. Wir begegnen diesem Engel des Herrn zum ersten Mal, als er Hagar *findet*, nachdem sie von ihrer Herrin Sara geflohen ist.[49]

Hier in 1. Könige 19,7 findet er Elia. Der Prophet wird zweimal dazu aufgefordert, aufzustehen und zu essen. Beim zweiten Mal wird deutlich, dass es nicht nur darum geht, dass sich der erschöpfte Pro-

48 Psalm 127,2

49 1. Mose 16,7 und (vor allem) 10, wo der Engel des Herrn spricht wie Gott

phet erholt. Elia soll sich stärken, weil eine lange Reise vor ihm liegt. Auffallend ist, dass keine Details in Bezug auf diese Reise oder das Reiseziel gegeben werden. Wir erfahren nur, dass Elia sich auf den Weg zum Berg Horeb macht.

Jürgen Werth beschrieb Elias Erfahrung in der Wüste in einem Gedicht:

> In die Wüste geflohen.
>
> Und Gott gefunden.
> Von Gott gefunden.
>
> Elia.
> Israels großer Prophet.
> Nur noch ein kleiner Mensch.
> Ausgebrannt.
> Verängstigt und verschreckt.
> Will nur noch schlafen.
> Nur noch sterben.
>
> Aber Gott ist da.
> Engel sind da.
> „Iss! Trink! Schlaf!"
>
> Als alles verloren erscheint,
> ist alles gewonnen.
> Neue Kraft. Neuer Mut. Neuer Glaube.
>
> Die Wüste ist der Ort der Begegnung mit Gott.
>
> Du musst sie nicht fürchten![50]

---

50 Text von Jürgen Werth aus „Wüstenwege", © Kawohl-Verlag, 46485 Wesel. Abdruck mit freundlicher Genehmigung.

Von Gott angerührt

In diesen Versen wird uns vor Augen gemalt, was in einer Situation, in der man am Ende ist oder depressiv, wesentlich ist. Gottes Wirken geschieht vierfach. Zuerst lässt er seinen erschöpften Diener schlafen. Elia darf, nein er muss sich erst mal ordentlich ausruhen, damit Körper und Seele sich erholen können. Dann kommt die Nahrung, ein gutes Essen und frisches Wasser. Elia muss sich nicht selbst darum bemühen, es wird besorgt. Das ist nötig, denn Menschen, die depressiv sind, neigen oft dazu, nicht gut für sich zu sorgen. Ihnen fehlt die Energie zum Einkaufen, sie haben keinen Mut zum Kochen, das Essen schmeckt ihnen nicht. Elia wird das Essen in der Wüste dargereicht: Es liegt ein herrlich duftendes frisch gebackenes Brot direkt neben seinem Kopf. Da kann er es nicht lassen, zuzubeißen! Als Drittes kommt eine neue Herausforderung und mit ihr eine neue Perspektive. Elia erhält einen neuen Auftrag. Er muss aufstehen, um diesem Folge zu leisten. Und das tut er.

Und der vierte Punkt? Der Engel des Herrn hat Elia gefunden, ihn angerührt und dadurch geweckt. Dieses Anrühren Gottes macht den Unterschied! Wir brauchen es, wir brauchen Gottes Anwesenheit, seinen Trost und seine Kraft.

Es kommt in der Bibel mehrere Male vor, dass Menschen von einem Engel gefunden und angerührt werden. Hagar habe ich schon erwähnt, aber auch Jesus machte diese Erfahrung, als er als Mensch auf dieser Erde lebte, z. B. kurz vor seinem öffentlichen Dienst, am Ende seiner vierzig Tage in der Wüste, als der Teufel ihn versuchte.[51] Etwa drei Jahre später stärkte ihn ein Engel im Garten Getsemane, als er müde und voller Angst mit seinem himmlischen Vater sprach und ihn darum bat, wenn möglich den bitteren Kelch des Leidens von ihm wegzunehmen.[52] Beide Male fällt auf, dass der Engel erschien, *nachdem* Jesus klar ausgesprochen hatte, dass er nur Gott dienen und ihn anbeten und seinen Willen tun wollte. Bei Elia ist das hier nicht der Fall, der Prophet ist so sehr am Ende, dass

---

51 Matthäus 4,11

52 Lukas 22,40-43

er nur noch sterben will. Wie gnädig ist unser Gott, dass er Elia dann aufsucht bzw. dass er seine Kinder nicht in ihrer Wüste vertrocknen lässt!

Wir kehren zurück zu 1. Könige 19 und lesen, dass Elia, nachdem er zum zweiten Mal aufgestanden ist und gegessen und getrunken hat, *in der Kraft dieser Speise vierzig Tage und vierzig Nächte bis an den Berg Gottes, den Horeb ging* (Vers 8). Das ist interessant! Denn es ist uns vorher aufgefallen, dass Gott Elia zwar beauftragt, aufzustehen und sich auf den Weg zu machen, ohne dabei aber das Reiseziel zu erwähnen. Man kann sich daher fragen, ob die Reise zum Berg Horeb Elias eigene Idee ist oder Gottes Absicht. Will der Prophet vielleicht eine Art Pilgerreise zum Berg Gottes machen, der in Israels Geschichte eine so wesentliche Rolle spielt? Sicher wissen wir nicht, was den Propheten bewegt, dennoch ist es auffallend, dass Gott Elia, als er sich am Berg Horeb befindet, fragt, was er dort tut!

Die vierzig Tage und vierzig Nächte, die der Prophet zu Fuß unterwegs ist, von Beerscheba bis zum Berg Horeb, sind eine ziemlich lange Zeit, denn für die Reise braucht man eigentlich nicht mehr als zwanzig Tage. Wieder kann man sich fragen, was Elia bewegt. Zögert er absichtlich? Sieht er in den vierzig Tagen eine besondere Bedeutung? Der Prophet Mose hat ja zweimal eine solche Periode von vierzig Tagen und vierzig Nächten auf dem Berg Horeb verbracht.[53]

Man kann nicht umhin, dass es im Leben Elias mehrere Parallelen zum Leben des alten Propheten Mose gibt. Beide Männer waren in einer Felsenhöhle am Berg Horeb. Ist das möglich, dass die Höhle, in der Elia seine Zuflucht suchte, dieselbe Felsenhöhle war, in der der Herr an Mose vorbeiging und sich ihm offenbarte?[54] Es heißt ja in Vers 9a, dass Elia in *die* (also nicht in irgendeine) Höhle geht. Nun, unmöglich ist das nicht. Es ist auf jeden Fall so, dass Gott sich diesen zwei Propheten auf demselben Berg offenbart hat. Mit dem Berg Horeb und dem Berg Sinai soll ja derselbe Berg gemeint sein.

---

53 2. Mose 24,18 und 34,28
54 2. Mose 33,21-23 und 34,5

WAS TUST DU HIER?

Als Gott am Berg Horeb zu Elia spricht, tut er das in Form einer Frage: *„Und siehe, das Wort des Herrn geschah zu ihm, und er sprach zu ihm: ‚Was tust du hier, Elia?'"* (Vers 9b).

Was tust du hier? Das fragt man jemanden, den man nicht direkt an dieser Stelle erwartet. Das ist vielleicht so, wie wenn man im Urlaub in China der Kassiererin des örtlichen Supermarkts oder dem Klassenlehrer der Tochter begegnet. Wir sind überrascht, weil wir das wirklich nicht erwarteten. Es kann aber auch sein, dass diese Frage eher kritisch gemeint ist und einen Vorwurf beinhaltet: „Was machst du hier, müsstest du nicht ganz woanders sein?"

Nun, hier ist es Gott, der diese Frage stellt. Selbstverständlich weiß er, was vorgefallen ist und was Elia zum Berg Horeb gebracht hat. Trotzdem fragt er bei Elia nach. Der Prophet soll sich vor Gott äußern und ihm einfach und ehrlich sagen, wie es um ihn steht.

Elias Antwort auf Gottes Frage ist eine Litanei voller Missmut und Selbstmitleid. „Ich habe", sagt der Prophet, „so viel für dich getan, und schau, was das alles mir gebracht hat: nur Elend! Denn ich bin nicht nur allein übriggeblieben, sondern man will mich auch noch töten" (siehe Vers 10). Elia sagt „man", d. h. es ist nicht mehr nur Isebel, in seinen Gedanken sind es inzwischen viele Menschen geworden. Auffallend ist, dass Elia auch erwähnt, dass das Volk den Bund Gottes verlassen hat. Dieser Bund ist hier, am Berg Sinai, mit Mose geschlossen worden. Anders gesagt: Die Stätte, wo sich Elia befindet, ist auch ein Ort der Erinnerung an Gottes Bundesschluss mit Israel.

STEH AUF!

Wer von Selbstmitleid gequält wird, neigt dazu, sich zurückzuziehen oder zu verstecken. Elia hat nicht nur in der Felsenhöhle übernachtet, er hat sich dort verkrochen. Jetzt soll er zum Vorschein kommen. Es wird Zeit, dass er aufsteht, er soll aus dem Versteck seiner Höhle kommen: *„Geh hinaus und stell dich auf den Berg vor den Herrn!"*

(Vers 11) Es kann nicht anders sein, wir denken wieder an Mose, dem Gott sagte: *„Siehe, da ist ein Platz bei mir, da sollst du dich auf den Felsen stellen."*[55] Elia aber kommt nicht zum Vorschein, er bleibt in seinem Versteck. Dort erlebt er eine Naturgewalt von ungekanntem Ausmaß und großer Gewalt. Es bricht ein gewaltiger Sturm aus, der so viel Kraft hat, dass die Berge zerreißen und Felsen zerschmettert werden. Der Wind schlägt auf die Felswand, Felsblöcke prallen bergab, Erde und Berge beben, der Lärm dieser Naturgewalt ist ohrenbetäubend und äußerst beängstigend. Dann, als sei das alles noch nicht schlimm genug, folgt auch noch ein Feuer. Es ist, als gehe die Welt unter. Der Herr aber, sagt die Bibel, *„war nicht in diesen Dingen"* (Verse 11-12). Diese Bemerkung ist auf den ersten Blick vielleicht etwas verwirrend, denn in Vers 11 heißt es auch: *„Und siehe, der Herr ging vorüber."* Diese Worte können aber auch so verstanden werden: *„Und der Herr wird vorübergehen."*

Tatsächlich ist Gott nicht in der Naturgewalt, er kommt erst in der Stille. Daraus können wir lernen, dass Gott sich eher selten auf spektakuläre Weise offenbart. Es ist darum wichtig, dass wir es lernen, stille zu werden und unsere Ohren zu spitzen, um Gottes leises Reden wahrzunehmen.

Am Berg Horeb durchbricht nach dem Feuer der Ton eines leisen Wehens den furchtbaren Lärm. Der zarte Klang nach aller Naturgewalt lässt uns erleichtert aufatmen. Aber nicht nur uns! Als Elia es hört, verhüllt er sein Gesicht mit seinem Mantel, geht hinaus und stellt sich in den Eingang der Höhle. Er weiß es: Ich werde meinem Gott begegnen. Und weil er weiß, dass ein Mensch die Begegnung mit der Heiligkeit Gottes nicht ertragen kann, verhüllt er sein Gesicht, so wie auch Mose das tat, als ihm Gott beim brennenden Dornbusch am Berg Horeb begegnete.[56]

---

55 2. Mose 33,21

56 2. Mose 3,6; vgl. 2. Mose 33,20

FRAGEN ZU KAPITEL 9

1. Das alte Volk Gottes fragte sich auf seinem Weg ins gelobte Land, ob Gott imstande sei, ihnen in der Wüste einen Tisch zu bereiten (siehe Psalm 78,19). Nun, das war er – das haben das Volk und auch Elia erfahren – und dazu ist er auch heute noch in der Lage. Wie findet man im Alltag diesen „Tisch" Gottes und was wird uns angeboten?

2. Elia muss aus seinem Versteck kommen, um Gott zu begegnen. Kann es sein, dass wir uns gerade vor Gott verstecken? Was ist der Grund dafür?

3. Wenn Gott uns fragen würde, was uns momentan bewegt, was würden wir ihm antworten?

4. Gott spricht eher in der Stille als auf spektakuläre Weise. Wie können wir es lernen, die sanfte Stimme Gottes zu hören und zu verstehen?

Kapitel 10
NEU BEAUFTRAGT VON GOTT
1. Könige 19,15-18

Da sprach der Herr zu ihm: Geh ...!

Vers 15

Da sprach der Herr zu ihm: Geh, kehre auf deinem Weg durch die Wüste zurück und geh nach Damaskus! Und wenn du dort angekommen bist, dann salbe Hasaël zum König über Aram! Und Jehu, den Sohn des Nimschi, sollst du zum König über Israel salben; und Elisa, den Sohn Schafats, von Abel-Mehola, sollst du zum Propheten an deiner Stelle salben! Und es soll geschehen: Wer dem Schwert Hasaëls entkommt, den wird Jehu töten; und wer dem Schwert Jehus entkommt, den wird Elisa töten. Aber ich habe 7000 in Israel übrig gelassen, alle die Knie, die sich nicht vor dem Baal gebeugt haben, und jeden Mund, der ihn nicht geküsst hat.

1. KÖNIGE 19,15-18

In Hosea 2,16 spricht Gott durch seinen Propheten Hosea: „Ich werde sie locken und sie in die Wüste führen und ihnen zu Herzen reden." Es sind zarte und liebevolle Worte, die Gottes Charakter entsprechen. Wenn es in unserem Leben Wüstenzeiten gibt oder wenn „Naturgewalten" über uns hereinbrechen und es heftig stürmt, dann geschieht das nicht, weil Gott uns Angst einjagen oder gar zermalmen will. Nein, er sucht uns in der Wüste oder im Sturm auf und lockt uns. Er weiß, dass manchmal alle unsere Stützen – seien es Menschen oder Umstände oder der eigene Optimismus – versagen oder wegfallen müssen, um uns so weit zu bringen, dass wir Gott wirklich, d. h. von ganzem Herzen suchen, weil wir endlich erkannt haben, dass es ohne ihn nicht geht. In diesem Licht dürfen wir auch Gottes Frage betrachten, die er Elia nach der Naturgewalt in aller Stille zum zweiten Mal stellt: „Was machst du hier?" Es ist eine Aufforderung an Elia, sein Herz zu prüfen und es vor Gott auszubreiten.

Was erwartet Gott, wenn er Elia hier auf dem Berg Horeb dieselbe Frage stellt wie vorher, als der Prophet in der Wüste missmutig unter einem Ginsterstrauch lag? Die Frage ist, ob sich bei der schrecklichen Naturgewalt etwas getan hat im Herzen und Denken Elias. Ob er sich Gottes Allmacht und Stärke bewusst geworden ist? Ob der Beweis seiner Anwesenheit und Treue ihm Mut gemacht hat? Leider sieht es nicht danach aus, denn Elia gibt dieselbe Antwort wie vorher, es folgt dasselbe traurige Lied über sein Missgeschick. Spürt man bei Elia neben Selbstmitleid auch einen Hauch von Selbstüberhebung? „*Ich* habe sehr geeifert ..., *ich* bin übriggeblieben, *ich* allein ..." (Vers 14). Klingt darin durch, dass er jetzt alleine weitermachen soll, denn wie soll es sonst gehen, es scheint ja von ihm abzuhängen ...?

Gott geht auch diesmal nicht auf die Worte seines Propheten ein. Was folgt, ist eine klare Ansage: „*Geh, kehre auf deinem Weg durch die Wüste zurück und geh nach Damaskus*" (Vers 15). Elia soll nicht länger in seinem Selbstmitleid verharren, denn Gott hat weiteres mit ihm vor.

DREI AUFTRÄGE

Christsein ist eine Bewegung nach vorne. Wir strecken uns aus nach dem, was Gott mit uns vorhat. Das gilt auch für Elia. Er soll sich wieder auf den Weg machen, wobei er zuerst zurückkehren oder umkehren soll, und zwar umkehren von seinem eigenen Weg, um dorthin zu gehen, wo Gott ihn haben will (Vers 15). So wie auch einst Hagar zurückkehren muss zu Abraham und Sara, vor denen sie auf eigene Faust geflüchtet war.[57]

Für Elia folgen drei Aufträge: a) Er soll in Damaskus *Hasael*, einen Diener von König Ben-Hadad, zum neuen König über Aram (oder Syrien) salben. b) Er soll *Jehu*, einen Obersten des Heeres Israels, zum neuen König über das Nordreich Israel salben, und c) er soll *Elisa* aus Abel-Mehola zum Propheten an seiner Stelle salben. Durch diese drei Männer (von denen einer ein heidnischer König ist) will Gott Wichtiges bewegen: Sie werden Instrumente sein zur Zerstörung der Baalsverehrung in Israel. Jehu, der 28 Jahre regieren wird, wird außerdem verantwortlich sein für den Tod Isebels und für die Vernichtung des Hauses von König Ahab. Im dritten Auftrag – der Salbung Elisas – liegt eine Verheißung, nicht nur für Israel, sondern auch für Elia selbst: Der Prophet braucht seinen weiteren Weg nicht alleine zu gehen, denn Gott hat einen Mann vorgesehen und vorbereitet, der ihn begleiten und ihm nachfolgen wird. Es ist Gottes Absicht, dass Elia seine drei Aufträge in absehbarer Zeit, d. h. noch während der Regierungszeit Ahabs erfüllen wird. Aber leider kommt es anders.

GOTTES PLÄNE AUFGEHALTEN

Es ist tragisch, zu entdecken, dass Elia nur einen seiner drei Aufträge ausführt, nämlich die Salbung Elisas. Die Salbung von Hasael zum König von Syrien und die Salbung Jehus zum König des Nordreiches Israel werden erst nach der Himmelfahrt des Propheten vollzogen, und

---

57 1. Mose 16,9

zwar durch Elisa.[58] So vergehen die Jahre und der Baalskult und der Stierdienst in Israel bleiben bestehen. Als Ahab stirbt, wird nicht Jehu sein Nachfolger, wie Gott das wollte, sondern Ahabs Sohn Ahasja, der wie sein Vater ein Baalsanbeter ist. Nach Ahasja kommt sein Bruder Jehoram, der den Stierdienst neu fördert. Elia wird während seiner Regierung entrückt.

Jehu wird erst dreizehn Jahre nach Gottes Auftrag an Elia zum neuen König des Nordreiches Israel gesalbt. Er ist übrigens nicht der ideale Mann, denn er hat ein geteiltes Herz.[59] Zwar setzt er sich für Erneuerung ein und ist verantwortlich für den Tod Isebels, die Ausrottung des Hauses Ahabs und des Baalsdienstes, aber den Stierkult in Bethel und Dan unterbindet er nicht.[60] Trotzdem wirkt Gott durch ihn, wie auch durch den heidnischen König Hasael. Unser Gott ist allmächtig: Er kann auch durch untreue und ungläubige Menschen seine Pläne verwirklichen.

Man kann sich fragen, ob es nun wirklich so schlimm ist, dass nicht Elia, sondern Elisa Hasael zum König über Aram und Jehu zum König über Israel salbte. Es geschah doch letztendlich so, wie Gott es haben wollte. Das stimmt, dennoch führte Elias Ungehorsam dazu, dass die Verwirklichung der Pläne Gottes dreizehn Jahre lang aufgehalten wurde. Es ist erschreckend, wenn wir hier entdecken, dass sich die Nachlässigkeit eines Menschen Gottes Wirken in den Weg stellen kann. Daran wird deutlich: Der souveräne und allmächtige Gott lässt es manchmal zu, dass Menschen die Verwirklichung seiner Pläne verzögern.

Was bewegte Elia dazu, zwei der Aufträge Gottes nicht auszuführen? War es zuviel verlangt, einen neuen König Israels zu salben, während Ahab noch König war und Isebel noch fest im Sattel saß? Hatte er zu viel Angst davor, sich in die Politik des heidnischen Nachbarlandes Syrien einzumischen? Wir wissen es nicht, nur Gott kennt unser

---

58 Für Hasael siehe 2. Könige 8,7-15, für Jehu (der im Auftrag Elisas von einem Prophetenschüler gesalbt wird) siehe 2. Könige 9,1-16

59 2. Könige 10,31

60 2. Könige 10,28-29

Herz und unsere tiefsten Motive. Und während das vorkommt, dass
er Menschen beim Kragen packt und sie an ihre Verantwortung erinnert, kommt es auch vor, dass er es zulässt, dass sie ihren Auftrag
nicht erfüllen oder sogar davor flüchten, wie es zum Beispiel auch
Jona tat.

Nicht alleine

Wir kehren zurück zu 1. Könige 19, als Gott Elia am Berg Horeb
begegnet und neu beauftragt. Das Letzte, was der Herr seinem Diener hier sagt, ist, dass er 7000 Mann in Israel übriggelassen hat, die
dem Baal nicht nachgelaufen sind (Vers 18).[61] Elias Gefühl hat ihn
betrogen, er ist nicht alleine, außer ihm gibt es noch viele andere im
Land, die Gott treu geblieben sind. In 1. Könige 20 lesen wir, dass
König Ahab von einem dieser treuen Männer, einem nicht mit Namen genannten Propheten Gottes, besucht wird. Dass die Ausbil-
dung von Propheten weiterhin stattgefunden hat, zeigt sich, als Elia
und Elisa später etlichen Prophetenjüngern begegnen, die in Jericho
und Bethel studieren.[62] Man vermutet, dass Elia und Elisa selbst einige Jahre an Prophetenschulen tätig gewesen sind.

Die Bibel ist eindeutig und klar: Gott ist allmächtig und treu. Er
wird das, was er angefangen hat, fortsetzen und vollenden. Elia darf
zuversichtlich sein, dass Gott auch in den kommenden Jahren, die
von blutigen Kriegen und Gewalt geprägt sind, dafür sorgen wird,
dass ein Teil seines Volkes am Leben bleibt.

---

61 Dieser Vers hat auch eine heilsgeschichtliche Bedeutung. In Römer 9–11
schreibt Paulus eindringlich über Gottes Verheißungen in Bezug auf sein Volk
bzw. über das Heil für Israel und die Nationen. Auffallend ist, dass auch Elia
aufgeführt wird: *„Wisst ihr nicht, was die Schrift bei Elia sagt?"* Anhand des
Beispiels der siebentausend Mann, die Gott zu Elias Zeit in Israel bewahrte,
spricht Paulus über die bleibende Erwählung des jüdischen Volkes als Gottes
Volk (siehe 1. Könige 19,18 und Römer 11,2-6). Dieses Volk wird gerettet werden (Römer 11,25-26).

62 2. Könige 2,3.5.7.15-18

Fragen zu Kapitel 10

1. Kann man wirklich sagen, dass Menschen durch ihren Ungehorsam oder ihre Trägheit die Verwirklichung der Pläne Gottes verzögern können?
   Lesen Sie 4. Mose 14,7-11 und 26-34. Was ist hier geschehen?
   Können Sie noch andere biblische Beispiele anführen, wo Menschen durch Ungehorsam der Verwirklichung von Gottes Plänen im Wege zu stehen scheinen?
   Was sagt uns das über Gott?

2. Gott wirkte durch einen heidnischen König und durch einen König, der zwar zu seinem Volk gehörte, aber ein geteiltes Herz hatte. Was können wir daraus über Gott lernen? Und wie kann das unser Beten beeinflussen?
   Lesen Sie 1. Timotheus 2,1-4.

3. Wie Elia empfinden auch wir manchmal, dass wir alleine übriggeblieben sind. Vielleicht sind Sie der einzige Christ in Ihrer Familie, am Arbeitsplatz oder in der Straße, in der Sie leben. Vergessen Sie nicht, dass auch heute überall in dieser Welt Kinder Gottes leben.
   Gott will uns in seinem Dienst gebrauchen. Beten Sie dafür, dass Gott Ihnen zeigt, wie er Sie in der eigenen Umgebung oder woanders einsetzen kann. Seien Sie bereit, wie Elia aufzustehen, um Gott zu dienen und somit anderen zum Segen zu werden.

Kapitel 11
DIE BERUFUNG ELISAS
1. Könige 19,19-21

Dann machte er sich auf und folgte Elia nach und diente ihm.

Vers 21

Und er ging von dort weg und fand Elisa, den Sohn Schafats, der gerade mit zwölf Gespannen vor sich her pflügte. Er selbst aber war bei dem zwölften. Und Elia ging zu ihm hin und warf seinen Mantel über ihn. Da verließ er die Rinder und lief hinter Elia her und sagte: Lass mich doch meinen Vater und meine Mutter küssen! Dann will ich dir nachfolgen. Er aber sagte zu ihm: Geh, kehre um! Denn was habe ich dir getan? Da kehrte er sich von ihm ab, nahm das Gespann Rinder und schlachtete sie, und mit dem Geschirr der Rinder briet er ihr Fleisch und gab es den Leuten, und sie aßen. Dann machte er sich auf und folgte Elia nach und diente ihm.

1. KÖNIGE 19,19-21

In Matthäus 17 wird uns erzählt, dass ein reicher junger Mann Jesus fragt, was er tun soll, um das ewige Leben zu erwerben. Der Mann ist aufrecht, er hält sich treu an Gottes Gesetze. Trotzdem steht ihm etwas im Weg. Der junge Mann kann sich nicht trennen von seinen Gütern und seinem Geld, die ihm neben Sicherheit auch Ansehen verleihen. Seine Begegnung mit Jesus endet damit, dass er sich betrübt von Jesus trennt.

In 1. Könige 19,19-21 treffen wir einen reichen Jüngling von ganz anderem Kaliber. Elisa, dessen Name *Jehova ist mein Retter* bedeutet, lebt mit seinen Eltern in Abel-Mehola, westlich des Jordans.[63] Seine Zukunft ist gesichert, denn sein Vater Schafat ist ein wohlhabender Bauer. Ob Elisa der einzige Sohn ist, oder ob er noch Geschwister hat, erfahren wir nicht. Als wir ihn treffen, ist er an der Arbeit. Dass mit zwölf Gespannen ein Acker umgepflügt wird, weist darauf hin, dass das Gebiet Schafats sehr groß ist.

Man nimmt an, dass Elisa zu dieser Zeit ungefähr 25 Jahre alt ist. Ein Mann in den besten Jahren, vital und stark, das Gesicht wohl tief gebräunt von der Sonne. Er weiß nicht, dass sich sein Leben an diesem Tag total verändern wird. Dass ihn ein Mann Gottes besuchen und zu einem neuen Leben und Dienst auffordern wird.

VON GOTT BERUFEN

Elia muss einige hundert Kilometer zurückgelegt haben, bis er in Abel-Mehola ankommt.[64] Als der Prophet zum Feld kommt, wo Elisa und seine Männer pflügen, geht er auf Elisa zu und wirft seinen alten Kamelhaarmantel über ihn. Wohlgemerkt: Er wirft ihm den Mantel nicht zu, er wirft ihn über ihn, d. h. er bedeckt Elisa mit seinem eige-

---

63 Diese Ortschaft wird meistens identifiziert als Tel Abu Sifri, eine Ortschaft, die etwa auf halber Strecke zwischen dem See Genezareth und dem Toten Meer liegt.

64 Manche Bibelausleger gehen davon aus, dass Elia vom Horeb aus zuerst nach Damaskus gegangen ist und sich dort einige Zeit (d. h. bis zum Frühling, als gepflügt wurde) aufgehalten hat, bevor er nach Abel-Mehola ging. Ein direkter Weg vom Horeb zu Elisas Wohnsitz hätte ihn in die Nähe von Jesreel und Samaria gebracht, und das wäre riskant gewesen.

nen Kleid. Es wird kein Wort gesagt, aber diese Geste sagt alles. Es ist eine Aufforderung zur Nachfolge.

Wir denken oft, dass eine Berufung an einem besonders heiligen Moment und auf eine besondere Weise stattfindet. Hier aber wird jemand in seinem Alltag berufen, und zwar während seiner Arbeit. Das ist Gottes Art, er schwebt nicht über unserem Alltag, er ist in unserem Alltag anwesend. Er spricht nicht nur in der Stille oder durch eine Predigt zu uns. Es kann gut sein, dass er uns eines Tages ganz überraschend „anruft", zu Hause, am Arbeitsplatz, beim Spazierengehen mit dem Hund oder unterwegs im Auto. Denken wir an Mose, der beim Berg Horeb die Schafe seines Schwiegervaters hütete, als ihm Gott erschien und ihm sagte, dass er Gottes Volk aus Ägypten herausführen sollte.[65] Oder denken wir an Gideon, der gerade Weizen drosch, als der Engel des Herrn erschien und ihm sagte, dass er Israel aus der Hand seines Feindes Midian retten sollte.[66] Es lässt sich nicht voraussagen, es geht auch nicht nach einem festen Muster, wenn Gott sich meldet.

Als Elisa beim Ackern des Feldes Elia wahrnimmt und den Mantel des Propheten auf seinen Schultern spürt, ist ihm sofort klar, was hier geschieht und welches die Konsequenzen sind. Er soll sich verabschieden von den Menschen, die ihm lieb sind, wie auch von seiner vorgesehenen und gesicherten Zukunft als Leiter des väterlichen Betriebes. Alles Vertraute und Selbstverständliche lässt er los.

Es stellt sich die Frage, ob Elisa in Elia den Karmel-Propheten erkannt hat. Ist der junge Mann vielleicht einer der vielen gewesen, die aus allen Ecken des Nordreiches zum Berg Karmel angereist waren, um der öffentlichen Konfrontation zwischen Elia und den Baalspropheten beizuwohnen? Das erfahren wir nicht. Es erscheint eher so gewesen zu sein, dass Elisa ein solches Gespür für Gott entwickelt hatte, dass er Elia als Gottesmann erkennt und seine Berufung ohne Wenn und Aber annehmen kann.

---

65 2. Mose 3,1

66 Richter 6,11

ABSCHIED

In diesem entscheidenden Moment hat Elisa eine Bitte: Er möchte, bevor er mit Elia abreist, noch seinen Vater und seine Mutter küssen. Seine Bitte ist nicht direkt sentimental oder emotional zu verstehen, denn es ist eine Sache der Höflichkeit, sich, bevor man geht, von Menschen zu verabschieden. Es geht hier aber um mehr als Sitte oder Höflichkeit. Elisa ist sich des Gewichtes dieses Momentes bewusst: Es wird ein Abschied für immer. Mit dem Abschiedskuss zieht er auch einen Strich unter sein bisheriges Leben unter dem Dach seines Vaters.

Elia reagiert etwas irritiert auf die Bitte Elisas: *„Geh, kehre um! Denn, was habe ich dir getan?"* (Vers 20) Das ist nicht direkt ermutigend, wenn man bedenkt, dass man sich diesem schroffen Menschen anschließen soll! Elia wartet übrigens nicht einmal auf Elisa, er hat ihm seinen Mantel zugeworfen und geht dann gleich weiter, sodass Elisa hinter ihm herlaufen muss. Merkwürdig! Hat der Prophet es so eilig oder hat er es in seinen Jahren der Einsamkeit verlernt, wie man mit Menschen umgeht? Ist er ein Einzelgänger geworden, der am liebsten alleine ist und sich in menschlicher Gesellschaft unwohl fühlt? In Beerscheba hat er ja auch seinen Diener zurückgelassen!

Elisa lässt sich jedenfalls von Elias Benehmen nicht verunsichern. Er scheint vielmehr fest entschlossen, das durchzusetzen, was hier vermittelt wird: Er soll sich von seinem bisherigen Leben verabschieden. Der junge Mann wendet sich von Elia ab, nimmt sein Gespann Rinder und schlachtet die Tiere. Er brät das Fleisch auf dem Holz ihres Joches, womit er den Abschied von der Landwirtschaft seiner Eltern in aller Öffentlichkeit demonstriert. Es folgt ein großes Abschiedsessen, an dem seine Knechte – und vielleicht auch seine Eltern – teilnehmen. Ich vermute, dass auch Elia sich hat aufhalten lassen, um mitzuessen!

Nachfolge und Dienst

Für Elisa ist eine neue Phase seines Lebens angebrochen, aber das gilt nicht nur für ihn. Elia hat ab heute einen Reisegefährten und Helfer. In den kommenden Jahren wird er den jungen Bauern vorbereiten auf seinen Dienst als sein Nachfolger und als zukünftiger geistlicher Leiter in Israel.

Auffallend ist, dass wir in den nächsten Jahren wenig oder nichts über Elisa erfahren. Solange Elia lebt, bleibt Elisa im Hintergrund. Ein wahrer Diener, der es nicht nötig hat, sich vorzudrängen oder sich selbst groß zu machen. Ein Mann, der auf Gottes Zeit für ihn warten kann. Zwar muss Elisa nicht so lange warten wie zum Beispiel Josua, der gut vierzig Jahre Moses Assistent war und schon über achtzig war, als er sein Nachfolger wurde, dennoch muss auch er sich in Geduld üben, und zwar so lange, wie Gott das für nötig erachtet.

Das Mandat für Kinder Gottes

Der kurze Bibelabschnitt über die Berufung Elisas endet mit einem wichtigen Satz: *„Dann machte er* (d. h. Elisa) *sich auf und folgte Elia nach und diente ihm"* (Vers 21b). Was hier geschieht, ist beeindruckend. Elisa war es wahrscheinlich gewöhnt, dass ihm Diener zur Verfügung standen. Eines Tages würde er selbst das Haus und die Diener seines Vaters führen. Ein solches Wissen kann einen stolz machen. Davon zeigt sich bei Elisa aber keine Spur. Es macht ihm keine Mühe, seine Position als Sohn des Großgrundbesitzers aufzugeben und einen Platz in der hinteren Reihe als Diener Elias einzunehmen.

Vers 21b vermittelt uns in nur einigen Worten das Mandat eines Christen: Nachfolge und Dienst. Elisa ist uns darin ein kräftiges Beispiel. *„Wenn jemand mir nachfolgen will"*, hat Jesus gesagt, *„verleugne er sich selbst und nehme sein Kreuz auf sich und folge mir nach."*[67] Wenn jemand *will*, bedeutet, dass man nicht zur Nachfolge gezwungen wird. Wir werden gefragt, über diesen Schritt und seine Konsequenzen nachzudenken, dann eine Wahl zu treffen und danach zu han-

---

67 Matthäus 26,23

deln. Dass der Weg mit Jesus nicht einfach ist, verschweigt Jesus nicht: Man soll sein Kreuz auf sich nehmen. Der Weg mit Gott ist ein Weg radikaler Selbstverleugnung, der auch persönliches Leiden oder das Märtyrertum mit sich bringen kann.

Elisa verleugnet sich selbst, indem er sich Elia anschließt und seine eigenen Wünsche und Erwartungen loslässt. Er akzeptiert, dass nicht er, sondern Elia das Sagen hat. Er ist dazu bereit, im Hintergrund zu bleiben bzw. im Schatten Elias zu stehen. Er lässt seine vertraute Welt zurück, um einem Mann nachzufolgen, der keinen festen Wohnsitz hat oder Sicherheiten bietet, den man hasst und der gesucht ist. Wie es Jesus war.[68]

Nicht lange nach der Berufung Elisas wird Israel zweimal hintereinander von Syrien angegriffen. Beide Kriege gehen zugunsten von König Ahab aus. Es folgen ein Bund mit dem aramäischen König und eine Gerichtsdrohung Gottes an Ahab, die übrigens nicht Elia, sondern ein nicht mit Namen genannter Prophet überbringt. So vergehen einige Jahre, in denen wir Elia und Elisa nicht sehen oder hören. Man nimmt an, dass Elia in diesen stillen oder „unsichtbaren" Zwischenjahren mit Elisa an einer Prophetenschule tätig gewesen ist, vielleicht haben die zwei Männer gemeinsam eine solche Schule geleitet. Dann aber taucht Elia ohne Elisa beim Sommersitz des Königs in Jesreel auf. Der Anlass ist eine sehr böse Sache, bei der sich Ahab schuldig macht. Damit wollen wir uns im nächsten Kapitel befassen.

68 Matthäus 8,20

Fragen zu Kapitel 11

1. Lesen Sie 1. Könige 19,20-21 und Lukas 9,57-62. Beim Lukastext geht es um drei verschiedene Männer, von denen die letzten zwei Jesus um etwas bitten. Was wird gefragt in 1. Könige 19 und in Lukas 9, und was wird geantwortet? Wie sollen wir das verstehen? Bedenken Sie dabei, dass es im Osten üblich ist, Menschen am Tag ihres Sterbens zu begraben.

2. Menschliche Sicherheiten loslassen, um die einzig wahre Sicherheit (ein Leben mit Gott) zu umarmen. Könnte das auch in unserem Leben gefragt sein? Wie sollen wir uns das vorstellen? Was könnte das konkret für Sie beinhalten?

3. Lesen Sie Lukas 9,23-24; 14,25-27 und Matthäus 10,37-39. Wie sind diese Worte heute zu verstehen?

Kapitel 12
UMGANG MIT UNERFÜLLTEN WÜNSCHEN
1. Könige 21,1-16

Und Ahab redete zu Nabot und sagte: Gib mir deinen Weinberg!
Vers 2

Du sollst nicht begehren (…) irgendetwas, was deinem Nächsten gehört.
2. Mose 20,17

Und es geschah nach diesen Ereignissen: Nabot, der Jesreeliter, hatte einen Weinberg, der in Jesreel war, und zwar gleich
neben dem Palast Ahabs, des Königs von Samaria. Und Ahab
redete zu Nabot und sagte: Gib mir deinen Weinberg! Er soll
mein Gemüsegarten werden, denn er ist nahe bei meinem
Haus. Ich gebe dir dafür einen besseren Weinberg als den hier.
Oder wenn es besser ist in deinen Augen, gebe ich dir Geld als
Kaufpreis für ihn. Aber Nabot sagte zu Ahab: Das lasse der
Herr fern von mir sein, dass ich dir das Erbe meiner Väter
gebe! Da ging Ahab in sein Haus, missmutig und wütend über
das Wort, das der Jesreeliter Nabot zu ihm geredet hatte, dass
er gesagt hatte: Ich gebe dir das Erbe meiner Väter nicht. Und
er legte sich auf sein Bett und wandte sein Gesicht ab und aß
nichts. Da kam seine Frau Isebel zu ihm hinein und sagte zu
ihm: Warum denn ist dein Geist missmutig, und warum isst
du nichts? Er sagte zu ihr: Weil ich zu dem Jesreeliter Nabot
geredet und ihm gesagt habe: Gib mir deinen Weinberg für
Geld, oder wenn es dir gefällt, will ich dir stattdessen einen
anderen Weinberg geben! Er aber sagte: Ich gebe dir meinen
Weinberg nicht. Da sagte seine Frau Isebel zu ihm: Du, du
übst doch jetzt die Königsherrschaft über Israel aus. Steh auf,
iss und lass dein Herz fröhlich sein! Ich werde dir den Weinberg des Jesreeliters Nabot geben. Dann schrieb sie Briefe im
Namen Ahabs und siegelte sie mit seinem Siegel und sandte
die Briefe an die Ältesten und an die Vornehmen, die mit Na-

bot zusammen in seiner Stadt wohnten. Und sie schrieb in den Briefen Folgendes: Ruft ein Fasten aus und lasst Nabot obenan im Volk sitzen! Und setzt ihm gegenüber zwei Männer, Söhne der Bosheit, dass sie gegen ihn zeugen, indem sie sagen: Du hast Gott und den König gelästert! Dann führt ihn hinaus und steinigt ihn, dass er stirbt! Da taten die Männer seiner Stadt, die Ältesten und die Vornehmen, die in seiner Stadt wohnten, wie Isebel zu ihnen gesandt hatte, so, wie in den Briefen geschrieben stand, die sie ihnen gesandt hatte. Sie riefen ein Fasten aus und ließen Nabot obenan im Volk sitzen. Dann kamen die beiden Männer, die Söhne der Bosheit, und setzten sich ihm gegenüber. Und die Männer der Bosheit zeugten gegen ihn, gegen Nabot vor dem Volk, indem sie sagten: Nabot hat Gott und den König gelästert! Dann führte man ihn zur Stadt hinaus und steinigte ihn, und er starb. Und sie sandten zu Isebel und ließen ihr sagen: Nabot ist gesteinigt worden und ist tot. Und es geschah, als Isebel hörte, dass Nabot gesteinigt worden und tot war, sagte Isebel zu Ahab: Mache dich auf, nimm in Besitz den Weinberg des Jesreeliters Nabot, der sich geweigert hat, ihn dir für Geld zu geben! Denn Nabot lebt nicht mehr, er ist tot. Und es geschah, als Ahab hörte, dass Nabot tot war, da machte sich Ahab auf, um in den Weinberg des Jesreeliters Nabot hinabzugehen und ihn in Besitz zu nehmen.

1. Könige 21,1-16

„Nabot, der Jesreeliter, hatte einen Weinberg, der in Jesreel war." Damit beginnt 1. Könige 21. Wir erinnern uns, dass König Ahab und seine Gattin Isebel einen Sommersitz in Jesreel haben. Direkt neben diesem Palast liegt der Weinberg eines Nachbarn. Ja, sogar Könige haben Nachbarn! Und so wie das bei normalen Menschen ist, kann es auch einem König gehen: Man ist neidisch auf seinen Nachbarn, weil der etwas hat, das man selbst haben will.

König Ahab ist nicht gerade arm, es mangelt ihm an nichts. Wenn er aber an dem Weinberg seines Nachbarn vorbeigeht, wächst in ihm das Verlangen, auch dieses Grundstück zu besitzen. Der König möchte einen Gemüsegarten für sich anlegen lassen. Es ist nicht so, dass sich auf seinem eigenen Grundstück nicht ein Gemüsegarten verwirklichen ließe, dieser Weinberg aber liegt nahe bei seinem Haus. Hat der König vielleicht vor, höchstpersönlich seine Bohnen, Linsen oder Zwiebeln zu ernten? Nun, die Sache ist ihm auf jeden Fall ernst genug, um darüber mit seinem Nachbarn Nabot zu reden und ihn zu bitten, ihm das Grundstück zu verkaufen oder es gegen ein Tauschmittel abzugeben.

Das Gespräch zwischen den beiden Männern macht den Eindruck eines informellen Gespräches, so wie das Nachbarn miteinander führen können. Jesreel ist nicht die offizielle Residenz des Königs, sondern sein Sommersitz. Vielleicht geht es hier etwas informeller zu als in Samaria. So bittet der eine Nachbar den anderen um einen Gefallen. Leider geht das dieses Mal nicht so gut aus, denn Nabot ist nicht dazu bereit, sein Grundstück zu verkaufen oder einzutauschen. Der Weingarten ist ihm lieb, er ist schon seit Generationen im Besitz seiner Familie. Dieses Grundstück jetzt abzugeben und es in einen Gemüsegarten für den König umzufunktionieren, das führt zu weit. Außerdem verbietet ihm das Gesetz, den Weingarten an eine andere Familie abzugeben. Die Rechte sind nicht übertragbar.[69] Nabots Worte sind klar: *„Das lasse der Herr fern von mir sein, dass ich dir das Erbe meiner Väter gebe"* (Vers 3).

---

69 4. Mose 36,7

ISEBEL WEISS RAT

Ahab ist schwer enttäuscht, er muss, wie die Engländer sagen, eine bittere Pille schlucken. Der König ist es nicht gewöhnt, dass Menschen ihm Steine in den Weg legen. Missmutig und wütend über Nabots Ablehnung zieht er sich wie ein gekränktes Kind zurück in sein Haus, legt sich auf sein Bett, kehrt das Gesicht zur Wand und weigert sich zu essen.

Es dauert nicht lange, bis Isebel kommt, um ihren Gatten zu fragen, was ihm fehlt. Als Ahab ihr von seiner Begegnung mit Nabot erzählt, ist sie perplex. Das ist doch lächerlich, dass ihr Mann sich von einem unbedeutenden Nachbarn von seinen Plänen abbringen lässt! „Vergiss eins nicht", sagt sie Ahab. „Du bist der König Israels, du übst die Königsherrschaft über Israel aus!" Anders gesagt: Lass dir nichts von diesem kleinen Nabot sagen. Und dann: *Steh auf, sei fröhlich, denn ich werde dir den Weinberg des Jesreeliters Nabot geben*" (Vers 7).

Ja, diese Isebel akzeptiert keinen Widerspruch. Ihren Mann hat sie mittlerweile – sie sind inzwischen etwa 25 Jahre verheiratet – auch in ihrer Macht, er frisst ihr aus der Hand. Dass er sich wie ein Kind benimmt, irritiert sie hier schon, trotzdem will sie ihn gerade so haben: schwach und abhängig. Solange der König kein Rückgrat entwickelt, sitzt Isebel fest im Sattel und kann ihre bösen Pläne frei ausführen. Das Geschehen am Berg Karmel war ein unangenehmer Zwischenfall, aber das alles liegt inzwischen einige Jahre zurück. Die Königin freut sich darüber, dass sich die Aufregung über Gottes Eingreifen am Berg im Laufe der Zeit gelegt hat und dass Elia anscheinend so viel Angst vor ihr hat, dass er inzwischen vom Erdboden verschwunden ist. Jetzt muss sie sich darum kümmern, dass ihr Mann bekommt, was er sich wünscht. Ahab soll zufrieden sein, dann hat Isebel ihre Ruhe. Aber wie kann man den Weingarten Nabots erwerben? Darüber muss die Königin nicht lange nachdenken, denn dieses Problem zu lösen ist lächerlich einfach: Nabot soll aus dem Weg geräumt werden.

Isebel geht die Sache energisch an. Sie schreibt im Namen Ahabs

Briefe an die Standespersonen in Jesreel und versieht sie mit Ahabs Siegel. Das Letztere ist schlau, denn so muss sie die Briefe nicht selbst unterschreiben und braucht auch nicht die Unterschrift ihres Mannes. Die Königin operiert vorzugsweise auf eigene Faust.

Den Empfängern der Briefe wird aufgetragen, dass sie ein Fasten ausrufen sollen. Man soll das hier so verstehen, dass die Einwohner Jesreels zu einer Versammlung eingeladen werden. Für Nabot soll man einen besonderen Platz – obenan im Volk – reservieren und ihm gegenüber zwei Männer setzen, die eine Zeugenaussage gegen ihn machen sollen. „Söhne der Bosheit" werden sie genannt, womit klar ist, dass es gewissenlose Menschen sind, die kein Problem damit haben, einen unschuldigen Mann zu Fall zu bringen. Denn das ist Isebels Plan: Nabot soll der Gottes- und Königslästerung beschuldigt und dafür gesteinigt werden.

Mit diesem teuflischen Plan zeigt Isebel wieder mal, dass sie sich weder an Gott noch an Menschen stört. Es ist schockierend, dass keine der Standespersonen, die diesen Brief der Königin bekommen, es wagt, für Nabot einzutreten. Ebenso schockierend ist es, dass sich Männer finden lassen, die dazu bereit sind, eine falsche Zeugenaussage zu machen. Sie kennen Nabot doch, sie leben in derselben Stadt! Hier sehen wir die Macht Isebels und die Angst der Menschen vor dieser skrupellosen Frau.

In der Versammlung läuft alles nach Plan. Der unschuldige Nabot wird zur Stadt hinausgeführt und gesteinigt. Sobald Isebel den Bericht seines Todes empfängt, sagt sie ihrem Mann, dass er sich aufmachen soll, um dessen Weingarten in Besitz zu nehmen.

Umgang mit unerfüllten Wünschen

Mit ihrer Überzeugung, dass das Leben machbar ist bzw. dass sich alles so organisieren lässt, wie man es sich wünscht, verkörpert Isebel die Botschaft unserer Zeit: Diejenigen, die ihre Ziele mit vollem Einsatz verfolgen, werden bekommen, was sie haben wollen, und sie werden erreichen, was sie erreichen wollen. Dieses Denken macht die

Enttäuschung umso größer, wenn etwas anders läuft als geplant. Es lässt sich aber nicht vermeiden, dass das vorkommt. Denn obwohl die Menschheit im Laufe der Jahrhunderte viele Kenntnisse (und damit viele Möglichkeiten) erworben hat, bleibt eines unverändert: Das Leben ist nicht machbar, und damit sind nicht alle unsere Wünsche erfüllbar. Das ist schmerzhaft und für manche inakzeptabel, dennoch können wir nicht umhin, dass wir manchmal mit leeren Händen dastehen oder ein „Nein" akzeptieren müssen.

Das hat zum Beispiel auch Rahel, die Frau Jakobs, erfahren. Sie war lange Zeit unfruchtbar und litt sehr darunter. Eines Tages warf sie ihrem Mann ihren Schmerz und ihre Ratlosigkeit vor: „Gib mir Kinder oder ich sterbe!" Was konnte Jakob, der seiner Frau alles in der Welt gönnte, darauf sagen? Man spürt seiner Antwort seine Aufregung, Frustration und Machtlosigkeit ab: *„Ich bin doch nicht Gott!"*[70] Mit diesen Worten ist alles gesagt. Menschen stoßen irgendwann an ihre Grenzen. Es ist Gott, der allmächtig ist, nicht wir.

Bleibt die Frage, wie wir damit umgehen, wenn Dinge anders laufen als wir wollten. Sind wir Ahab ähnlich, der sich wie ein verwöhntes Kind zurückzieht? Sind wir Rahel ähnlich, die aufstampfend vor ihren Mann trat und von ihm forderte, er solle ihr ihren Wunsch erfüllen?

Seien wir ehrlich. Meistens ist es so, dass wir nicht so schnell aufgeben, und das müssen wir ja auch nicht unbedingt. Aufgeben hat etwas von Rückzug an sich, man hat die Hoffnung verloren. Aufstehen dagegen beinhaltet eine gewisse Kampfbereitschaft, die an sich positiv ist: Man ist bereit, sich für etwas einzusetzen. Wenn aber das Verfolgen eines Zieles zum bitteren Kampf wird, bei dem Menschen zu Schaden kommen, befinden wir uns auf einem heillosen Weg.

Im Umgang mit Enttäuschungen gibt es noch einen anderen Weg ,und dieser befreit. Es ist der Weg des Vertrauens auf Gott. Er, der Ewige, hat den Überblick. Er, der Gute, hat Gutes mit uns vor. Er, der Treue, hält uns fest. Er, der Gott der Fülle, will uns sättigen. Wer seinen Weg im Vertrauen auf diesen Gott geht, kann es sich leisten,

---

70 1. Mose 30,16

zu warten und loszulassen. Unsere Wünsche müssen nicht gleich und auch nicht unbedingt erfüllt werden. Es kann sein, dass Gott anderes mit uns vorhat. Noch wichtiger und wesentlicher ist jedoch, dass Gott selbst unsere Lebensquelle ist. Der feste Boden unter unseren Füßen, die Quelle des inneren Friedens und der Freude – das ist Gott selbst. Wer zu ihm kommt, findet ein Zuhause für sein unruhiges Herz. Wer es lernt, seine Kraft und Freude bei ihm zu schöpfen, ist ein glücklicher Mensch. Lassen Sie uns das Warten auf Gott üben. Lassen Sie uns unsere Wünsche an Gott abgeben und ein Leben führen, in dem wir sein Handeln erwarten.

Fragen zu Kapitel 12

1. In der Bibel gibt es mehrere Beispiele von Menschen, die rücksichtslos waren, als es darum ging, ihre eigenen Wünsche zu verwirklichen.
Lesen Sie einen oder mehrere der folgenden Texte:
1. Mose 27,5-10 (Jakob), 2. Samuel 11 (David), 2. Samuel 13,1-19 (Amnon) oder 2. Samuel 15,1-12 (Absalom).
Was unternahmen diese Menschen, um ihr Ziel zu erreichen?

2. Wie wichtig ist es uns, dass sich unsere Wünsche (nach unseren Vorstellungen) erfüllen? Wie gehen wir damit um, wenn es anders kommt?

3. Man kann mit geballten oder mit offenen Händen beten. Was sagt das eine oder andere aus?

4. Wie kann man es lernen oder üben, trotz unerfüllter Wünsche mit David zu sagen: „Der Herr ist mein Hirte, mir wird nichts mangeln"? Lesen Sie Psalm 23 und bedenken Sie anhand dieser Worte Davids, wie es Elia bisher gegangen ist.

Kapitel 13

SO SPRICHT DER HERR

1. Könige 21,17-29

Da geschah das Wort des Herrn zu Elia, dem Tischbiter ...

Vers 17

Da geschah das Wort des Herrn zu Elia, dem Tischbiter: Mache dich auf, geh hinab Ahab, dem König von Israel, entgegen, der in Samaria wohnt! Siehe, er ist im Weinberg Nabots, wohin er hinabgegangen ist, um ihn in Besitz zu nehmen. Und rede zu ihm und sage: So spricht der Herr: Hast du gemordet und auch fremdes Gut in Besitz genommen? Und rede zu ihm: So spricht der Herr: An der Stelle, wo die Hunde das Blut Nabots geleckt haben, sollen die Hunde dein Blut, ja deines, lecken. Und Ahab sagte zu Elia: Hast du mich gefunden, mein Feind? Und er sagte: Ich habe dich gefunden, weil du dich verkauft hast, um zu tun, was böse ist in den Augen des Herrn. Siehe, ich bringe Unheil über dich und fege aus hinter dir her. Ich werde von Ahab ausrotten, was männlich ist, den Unmündigen und den Mündigen in Israel. Und ich mache dein Haus dem Haus Jerobeams, des Sohnes Nebats, gleich und dem Haus Baschas, des Sohnes Ahijas, wegen des Zornes, zu dem du mich gereizt hast, und weil du Israel zur Sünde verführt hast. Und auch über Isebel hat der Herr geredet und gesprochen: Die Hunde sollen Isebel fressen an der Vormauer von Jesreel. Wer von Ahab in der Stadt stirbt, den werden die Hunde fressen, und wer auf freiem Feld stirbt, den werden die Vögel des Himmels fressen. Es hat in der Tat keinen wie Ahab gegeben, der sich so verkauft hätte, um zu tun, was in den Augen des Herrn böse ist. Ihn hatte seine Frau Isebel verführt. Und er handelte ganz abscheulich, indem er den Götzen nachlief, ganz wie es die Amoriter getan hatten, die der Herr vor den Söhnen Israel vertrieben hatte.

1. KÖNIGE 21,17-26

Die Geschichte um Nabots Weinberg hinterlässt beim Leser einen sehr bitteren Nachgeschmack und ein Verlangen nach Rache. Es wurde einem Menschen eine Falle gestellt mit der Absicht, ihn aus falschen Gründen zu steinigen. Und warum? Weil es jemand auf sein Grundstück abgesehen hatte. Soll jetzt dieser Mensch, der Mörder Nabots, ungestraft davonkommen? Wer wird den Toten rächen? Die Antwort ist: der Gott Israels! In einer Welt voller Ungerechtigkeit ist er der Gerechte. Er hat den Mord an Nabot nicht übersehen. Das wird das Königspaar jetzt erfahren. Und nicht nur sie.

„Da geschah das Wort des Herrn zu Elia, dem Tischbiter" (Vers 17). Nach einigen ruhigen Jahren bekommt Elia einen neuen Auftrag von seinem Herrn. Er soll nach Jesreel gehen. König Ahab ist gerade dort, um Nabots Weingarten in Besitz zu nehmen. Wahrscheinlich wird er in diesen Tagen gleich mit seinen Gärtnern besprechen, dass der Weingarten geräumt und der Boden vorbereitet werden muss, damit man Gemüse sähen oder pflanzen kann.

Ich kann mir denken, dass Elia nicht direkt begeistert ist über seine neue Aufgabe. Es ist Jahre her, dass er den König gesehen hat. Der Wind hat sich inzwischen gelegt, der Prophet ist Isebels mörderischen Plänen entkommen und hat neue Aufgaben gefunden. Es ist gut möglich, dass sich Elia und Elisa in den ersten Jahren nach der Berufung Elisas gemeinsam um eine Prophetenschule gekümmert haben. Das alles – wie auch seine persönliche Sicherheit – wird mit einem Mal neu ins Wanken gebracht. Wie kann Gott von ihm verlangen, dass er Ahab erneut aufsucht, der ihn so bitter hasst?

Es sagt viel über Elia aus, dass er solche Gedanken nicht äußert (und vielleicht auch nicht einmal hat). Der Prophet hört einfach zu, als ihm Gott erklärt, was er Ahab sagen soll. Wie beim ersten Mal, als Ahab dem König eine Zeit der Dürre ankündigen musste, geht es auch diesmal um eine Botschaft, die ein Gericht Gottes enthält. Ahab hat gemordet und fremdes Gut in Besitz genommen (Vers 19). Für diese Sünde wird er büßen.

Der Mord an Nabot ist nicht alles, wofür Ahab verurteilt wird.

Der König hat Gott gereizt und Israel zur Sünde verführt (Vers 22). Er hat sich seiner Frau Isebel verkauft bzw. sich von ihr verführen lassen, um zu tun, was in den Augen des Herrn böse ist (Vers 25). Er hat ganz abscheulich gehandelt, indem er den „Götzen" (hier wird ein verächtlicher Ausdruck verwendet) nachgelaufen ist (Vers 26).

AUF NACH JESREEL

Nach Gottes Worten macht Elia sich direkt (und scheinbar ohne Elisa) auf den Weg. Der Prophet erscheint in einem für den König äußerst ungünstigen Moment in Jesreel, denn Ahab wird auf frischer Tat ertappt. Er ist dabei, das Grundstück, das er widerrechtlich bekommen hat, in Besitz zu nehmen. Der König ist dennoch der Erste, der redet. Seine Worte *„Hast du mich gefunden, mein Feind?"* (Vers 20) erwecken den Eindruck, als habe Ahab es befürchtet oder geahnt, dass Elia wieder bei ihm auftauchen wird. Hat der König vielleicht doch Gewissensbisse nach allem, was in Jesreel geschehen ist? Spricht hier seine Verlegenheit? Das Wort „Feind" spricht auf jeden Fall Bände. Für Ahab ist Elia einer, der ihm immer nur Unheil gebracht hat. Zuerst kam eine dramatische Dürre übers Land, dann kam die schmerzhafte Niederlage am Berg Karmel. Welches Unheil kommt jetzt noch?

Es ist tragisch, dass der König noch immer nicht einsieht, dass Elia ein Bote Gottes ist, dessen harte Worte nötig und heilsam sind, dass Elia Ahab warnt und mahnt mit der Absicht, ihn ins Licht zu führen. Der eigentliche Feind Ahabs ist nicht Elia, sondern Isebel, die Ahab zum Baalsdienst verführt hat.

Ein Mensch, der anderen die Wahrheit sagt, wird meistens nicht geschätzt, sondern verabscheut.[71] Es ist tatsächlich nicht einfach, wenn Menschen uns Dinge über uns sagen, die weniger positiv sind. Wenn wir gelobt werden, dann wollen wir gern mehr hören, aber eine Ermahnung oder Kritik tut weh, wir fühlen uns verletzt, verraten, beleidigt. Es kommt vor, dass wir so gekränkt sind, dass wir uns von

---

71 Vgl. Amos 5,10

den Menschen trennen, die den Mut hatten, uns zu ermahnen. Kritik, wenn sie ehrlich gemeint ist, kann aber auch Gutes bewirken. Die Wahrheit ist heilsamer als Betrug und eine harte Botschaft heilsamer als Schmeichelei. Salomo sagt es so: *„Treu gemeint sind die Schläge dessen, der liebt, aber überreichlich* (oder: trügerisch) *die Küsse des Hasses."*[72] Es ist wahr, Elia hat den König öfters „geschlagen". Aber leider besitzt Ahab nicht die Reife, die man haben muss, um solche Schläge annehmen und schätzen zu können. Elia ist und bleibt für ihn der Feind.

Elia reagiert ruhig auf die gehässigen Worte des Königs. *„Ich habe dich gefunden"*, sagt er. Und dann: *„Weil du dich verkauft hast, um zu tun, was böse ist in den Augen des Herrn"* (Vers 20). In den Worten, die auf diese Feststellung folgen, kommt die Unheilsbotschaft Gottes zum Ausdruck. Nicht nur Ahab wird sterben, sondern alle Männer, die zu seiner Familie gehören. Auch Isebel wird sterben. Sie wird extra genannt: *„Und auch über Isebel hat der Herr geredet und gesprochen"* (Vers 23). Ahab hat Israel zur Sünde verführt. Er ist in die Fußstapfen des ersten Königs des Nordreiches getreten und hat den Stierdienst und andere gottlose Maßnahmen Jerobeams geduldet. Als er die Baalsanbeterin Isebel heiratete und es zuließ, dass sie das Sagen hatte, wurde es nur noch schlimmer. Sie war diejenige, die den sidonischen oder kanaanitischen Baalsdienst in Israel einführte und die darauf aus war, die Propheten Gottes auszurotten. Sie war diejenige, die mit Gesetzlosigkeit kein Problem hatte. Für diese Dinge soll Isebel büßen. Die Details ihres Todes sind grausam: Hunde werden sie an der Vormauer von Jesreel fressen (Vers 24).

Auf dem Grundstück Nabots spricht der Heilige durch den Mund seines Propheten. Weder die Dürre noch die Offenbarung Gottes auf dem Berg Karmel haben etwas im Herzen dieses Königs von Israel bewirkt. Ahab hat Gott weiterhin mit seinem widerlichen Benehmen verachtet und ihn gereizt.[73] Es sind Grenzen erreicht worden, und

---

72 Sprüche 27,6

73 Siehe auch 1. Könige 16,33

Gott wird ihn seinen Zorn spüren lassen, nicht nur an seinem eigenen Leib, sondern an seinem ganzen Haus.

GOTTES GNADE

Zum ersten Mal kommt die Botschaft Gottes bei Ahab an. Der König ist entsetzt. Er sagt kein Wort, sondern zerreißt seine Kleider, hüllt sich in ein Sacktuch und fängt an zu fasten. Er geht, nach Vers 27, still oder bedrückt seinen Weg. Das alles weist hin auf tiefe Trauer. Alles sieht danach aus, dass Gottes Wort das Herz Ahabs erreicht und erschüttert hat. Endlich …

In Vers 28 spricht Gott wieder zu Elia. Ob der dann noch in Jesreel ist oder schon wieder unterwegs, ist nicht klar. Man bekommt den Eindruck, dass Gott Elia anspricht, als Ahab nicht dabei ist. *„Hast du gesehen?"* So fängt Gott an. Und dann sagt er Elia, dass Ahabs Demütigung Grund für ihn ist, um davon abzusehen, das angesagte Unheil über Ahab kommen zu lassen. Das Urteil wird aufgeschoben bis nach Ahabs Tod. Gott wird die Nachkommen des Königs strafen. In 2. Könige 9 und 10 lesen wir, dass Ahabs Sohn König Joram ermordet wird, dass Ahabs Frau Isebel stirbt und dass seine Nachkommen ausgerottet werden.[74]

Gott schenkt Ahab aufgrund seiner Einsicht Gnade. Aber leider dauert es nicht lange, da kehrt der König zu seinen bösen Wegen zurück. Angesichts dessen ist es erstaunlich, dass Gott es ernst genommen hat, als Ahab sich in Jesreel demütigte. Auch wenn es vielleicht so ist, dass Ahabs Angst ein Wort mitgesprochen hat, war das, was Gott in Ahabs Herzen sah, für ihn genug, um Ahabs Umkehr anzunehmen. Es zeigt uns ein wichtiges göttliches Prinzip: Neben dem Urteil Gottes steht immer das Angebot der Gnade. Wir wollen es ihm überlassen, wie er mit Menschen, die uns Böses angetan haben, umgeht. Denn er ist gerecht.

---

74 Siehe 2. Könige 9,24-26 (Joram), 2. Könige 9,30-37 (Isebel) und 2. Könige 10,17 (das Haus Ahabs)

FRAGEN ZU KAPITEL 13

1. Lesen Sie Markus 8,36-37.
    Wie treffen diese Verse auf König Ahab zu?

2. Denken Sie darüber nach, was geschieht, wenn sich ein Mensch einem anderen Menschen ‚verkauft'.

3. Wie gehen wir damit um, wenn uns jemand ermahnt? Sehen wir das automatisch als Kritik (negativ), oder schaffen wir es, nur das Gesagte zu Herzen zu nehmen?

4. Lesen Sie 2. Samuel 12,1-4 und sehen Sie, wie weise und liebevoll der Prophet Nathan König David nach dessen Ehebruch getadelt hat. Lesen Sie in den Versen 5-15, wie es weiterging.

Kapitel 14
DU SOLLST KEINE ANDERN GÖTTER HABEN

2. Könige 1,1-18

Gibt es denn keinen Gott in Israel?

Vers 6

Du sollst keine andern Götter haben neben mir. – Du sollst dir kein Götterbild machen, auch kein Abbild dessen, was oben im Himmel oder was unten auf der Erde oder was in den Wassern unter der Erde ist. Du sollst dich vor ihnen nicht niederwerfen und ihnen nicht dienen. Denn ich, der Herr, dein Gott, bin ein eifersüchtiger Gott.

2. Mose 20,3-5

Und Moab brach mit Israel, nachdem Ahab tot war. Und Ahasja fiel in seinem Obergemach in Samaria durch das Gitter und wurde krank. Und er sandte Boten und sagte zu ihnen: Geht hin, befragt Baal-Sebub, den Gott von Ekron, ob ich von dieser Krankheit genesen werde! Da redete der Engel des Herrn zu Elia, dem Tischbiter: Mache dich auf, geh hinauf, den Boten des Königs von Samaria entgegen, und sage zu ihnen: Gibt es denn keinen Gott in Israel, dass ihr hingeht, um Baal-Sebub, den Gott von Ekron, zu befragen? Darum, so spricht der Herr: Von dem Bett, das du bestiegen hast, wirst du nicht herunterkommen, sondern du musst sterben! Und Elia ging hin. Als nun die Boten zum König zurückkamen, sagte er zu ihnen: Warum seid ihr denn schon zurückgekehrt? Sie sagten zu ihm: Ein Mann kam herauf, uns entgegen, und sagte zu uns: Geht, kehrt zum König zurück, der euch gesandt hat, und redet zu ihm: So spricht der Herr: Gibt es denn keinen Gott in Israel, dass du hinsendest, um Baal-Sebub, den Gott von Ekron, zu befragen? Darum wirst du von dem Bett, das du bestiegen hast, nicht herunterkommen, sondern du musst sterben. Da sagte er zu ihnen: Wie war das Aussehen des Mannes, der euch entgegenkam und diese Worte zu euch redete? Sie sagten zu ihm: Es war ein Mann, mit einem haarigen Mantel bekleidet und an seinen Hüften gegürtet mit einem ledernen Schurz. Da sagte er: Das ist Elia, der Tischbiter! Und er sandte zu ihm einen Obersten über fünfzig Mann und seine fünfzig Leute. Der ging zu ihm hinauf, und siehe, er saß auf dem Gipfel des Berges. Und er sagte zu ihm: Mann Gottes, der König sagt: Komm herab! Elia aber antwortete und redete zu dem Obersten über fünfzig Mann: Wenn ich ein Mann Gottes bin, so fahre Feuer vom Himmel herab und fresse dich und deine fünfzig Mann! Da fuhr Feuer vom Himmel herab und fraß ihn und seine fünfzig Mann. Und er sandte nochmals zu ihm, einen anderen Obersten über fünfzig Mann mit seinen fünfzig Leuten. Der stieg hinauf und sagte zu ihm: Mann Gottes, so spricht der König: Schnell, komm herunter! Aber Elia antwortete und redete zu ihnen: Wenn ich ein Mann Gottes bin, so fahre Feuer vom Himmel herab und fresse dich und deine fünfzig Mann! Da fuhr Feuer Gottes vom Himmel herab und fraß ihn und seine fünfzig Mann. Und er sandte nochmals hin, einen dritten Obersten über fünfzig Mann und seine fünfzig Leute. Und der dritte Oberste über fünfzig Mann ging hinauf und kam und beugte seine Knie vor Elia, flehte ihn an und redete zu ihm: Mann Gottes! Lass doch mein Leben und das Leben deiner Knechte, dieser fünfzig Mann, teuer sein in deinen Augen! Siehe, Feuer ist vom Himmel herabgefahren und hat die beiden vorigen Obersten über fünfzig Mann und ihre fünfzig Leute gefressen. Nun aber lass mein Leben teuer sein in deinen Augen! Da redete der Engel des Herrn zu Elia: Geh mit ihm hinab, fürchte dich nicht vor ihm! Und er stand auf und ging mit ihm zum König hinab. Und er redete zu ihm: So spricht der Herr: Weil du Boten gesandt hast, um Baal-Sebub, den Gott von Ekron, zu befragen – gibt es denn keinen Gott in Israel, um sein Wort zu befragen? –, darum wirst du von dem Bett, das du bestiegen hast, nicht herunterkommen; sondern du musst sterben! Und er starb nach dem Wort des Herrn, das Elia geredet hatte. Und Joram wurde an seiner Stelle König im zweiten Jahr Jorams, des Sohnes Joschafats, des Königs von Juda; denn er hatte keinen Sohn. Und die übrige Geschichte Ahasjas, was er getan hat, ist das nicht geschrieben im Buch der Geschichte der Könige von Israel?

2. KÖNIGE 1,1-18

König Ahab ist während eines Krieges durch einen verirrten Pfeil getrof-
fen worden und an seinen Verletzungen gestorben. Sein Sohn Ahasja sitzt
jetzt als König Israels auf dem Thron in Samaria. Er ist nicht besser als
sein Vater, denn auch er hält zu anderen Göttern. Dieser achte König
Israels wird nur zwei Jahre regieren. Der Grund für diese kurze Zeit ist
ein bizarrer Unfall: Ahasja fällt in seinem Palast durch ein Gitter und
stirbt wenig später an den Folgen dieses Unfalls.

Es ist nicht deutlich, was genau vorgefallen ist, aber ich stelle mir das
ungefähr so vor, dass der König Israels auf einem kleinen Balkon gestanden hat und sich an ein nicht mehr so sicheres Gitter anlehnte;
dann versagte dieses Gitter und Ahasja stürzte vom Balkon. Infolge
dieses Unfalls geht es ihm jetzt dermaßen schlecht, dass er sich fragt,
ob er sich erholen oder sterben wird. Um eine Antwort auf diese Frage zu finden, beauftragt er Boten, um Baal-Sebub, den Gott von Ekron, zu befragen (Vers 2). Der Name Baal sagt eigentlich schon genug: König Ahasja sucht Rat bei einem kanaanitischen Abgott. Für
Ahasja gilt: Wie der Vater, so der Sohn.[75]
Hier sieht man, wie groß der Einfluss des Elternhauses sein und
wie stark ein schlechtes Vorbild wirken kann. Dennoch sind wir weder unseren Genen noch dem Einfluss böser Menschen nicht willen-
los ausgeliefert. Gott hat für seine Kinder ein Wunder in Gedanken,
und zwar das Wunder einer inneren Erneuerung oder Veränderung.
Es ist die Frucht seines Geistes, die dann wächst, wenn ein Mensch
seinen Gott aufrichtig sucht und liebt und ihm gehorchen will. Im
Garten der lebendigen Gemeinschaft zwischen Gott und Mensch
wachsen Blumen wie Liebe, Freude, Friede, Langmut, Freundlich-
keit, Güte, Treue, Sanftmut und Selbstbeherrschung.[76] Wie anders
hätte es damals in Israel ausgesehen, wenn die Könige sich zu Gott
gehalten hätten, statt sich selbst groß zu machen und Abgötter in
ihrem Leben zuzulassen.

---

75 1. Könige 22,53-54

76 Galater 5,22-23

GOTTES VOLK, EIN HEILIGES VOLK

Gott lässt nicht los, was er einmal angefangen hat. Gottes Volk bleibt sein Volk, er will nach wie vor ihr Gott sein. Aus diesem Grund kommt der Engel des Herrn zurzeit Ahasjas mit einem neuen Auftrag zu Elia. Er soll den Boten, die der König ausgesandt hat, um Baal-Sebub zu befragen, entgegengehen und sie rügen.

Baal-Sebub war der Fliegen- oder Insektengott der Stadt Ekron, die die nördlichste von fünf Philisterstädten war. Jede Stadt funktionierte als ein kleines Königreich und hatte ihren eigenen König und ihren eigenen Baal. Wir erinnern uns, dass die Bundeslade, die nach einer Schlacht den Philistern in die Hände gefallen war, zuerst nach Gat, dann auch nach Ekron kam. Als sie von Ekron nach Israel zurückgebracht wurde, kamen die fünf Könige der fünf Philisterstädte mit.[77]

Was bringt Ahasja von Israel nun dazu, einen Fliegengott zu befragen? Darüber gibt es verschiedene Meinungen. Manche nehmen an, dass man Fliegen eine prophetische Gabe zuschrieb. Vielleicht etwa wie wir an einem „tanzenden Mückenschwarm" meinen, ablesen zu können, wie das Wetter wird. Eine andere Theorie ist, dass Ahasja von Fliegen geplagt wurde, weil er offene Wunden hatte. Sicher ist das alles nicht. Worum es hier geht, ist, dass ein König Israels den lebendigen Gott und seine Gebote ignoriert und seine Zuflucht bei einem Abgott sucht.

„Gibt es denn keinen Gott in Israel?" (Vers 3) Hier spricht der Gott Israels, der keine anderen Götter neben sich duldet.[78] Er, der Allmächtige und Ewige, hat Israel als sein Volk erwählt. Es soll abgesondert sein von allen Völkern ringsum. Abgesondert für ihn und zu ihm. Es soll der Welt zeigen, wer er ist. Wer sich mit Abgöttern einlässt, sei es um sich die Zukunft vorhersagen zu lassen oder von einer Krankheit geheilt zu werden, verleugnet den Ewigen und gibt ein Anti-Zeugnis ab. Er begibt sich auf einen bösen und heillosen Weg, der Gott ein Gräuel ist.[79]

---

77 1. Samuel 6,1-4 und 12

78 2. Mose 20,4-5a

79 5. Mose 18,9-14

FEUER VOM HIMMEL

Die Boten des verwundeten Königs Ahasja müssen etwa 64 Kilometer zurücklegen, vom königlichen Palast in Samaria zu der Stadt Ekron, die auf einem Hügel liegt. Sie kommen nicht weit, denn Elia hat von Gott den Auftrag bekommen, ihnen entgegenzugehen. Er hat eine schlechte Botschaft für den König, Ahasja wird an seinen Wunden sterben. Das ist es, was Elia den Boten mitteilt, und die kehren darauf gleich zum König zurück.

Die Nachricht seines bevorstehenden Todes gefällt König Ahasja selbstverständlich nicht. Ebenso wenig gefällt es ihm, dass seine Boten diese Nachricht unterwegs von einem fremden Mann gehört haben und danach nicht nach Ekron weitergereist sind. Auf seine Frage, wie dieser unbekannte Mann wohl ausgesehen hat, beschreiben die Boten einen Menschen *„mit einem haarigen Mantel bekleidet und an seinen Hüften gegürtet mit einem ledernen Schurz"* (Vers 8).[80]

Diese Worte treffen Ahasja mitten ins Herz. Ihm ist gleich klar, dass das derselbe Mann sein muss, der schon seinem Vater über Jahre hinweg ein Pfahl im Fleisch war und den seine Mutter Isebel umbringen wollte. Er kann es nicht fassen, dass *„Elia, der Tischbiter"* (Vers 8) wieder aufgetaucht ist. Und wieder mit einer Unheilsbotschaft!

König Ahasja mag schwer krank sein, sein Gehirn jedoch funktioniert noch prima. Er befiehlt einem Obersten seines Heers, sich mit fünfzig Soldaten auf den Weg zu Elia zu begeben. Gewiss hat der König vor, Elia zu töten. Dieser Mann hat ihn verflucht, und wenn er ihn aus dem Weg räumen kann, ist er auch den Fluch los.

Wieder ist Elias Leben in Gefahr, wieder wird er bedroht. Diesmal ergreift er aber nicht die Flucht. Er sitzt *„auf dem Gipfel des Berges"*, womit der Karmel gemeint sein kann, als ihn der Oberste des Königs sieht und ihm zuruft: *„Mann Gottes, der König sagt: Komme herab"* (Vers 9). Im Hebräischen kann dieses *Mann Gottes* auch als *Feuer Gottes* verstanden werden. Welches von beiden vom Obersten gesagt wird, hängt vom Klang des Gesagten ab. Mann heißt *iesch*,

---

80 Es könnte die Beschreibug von Johannes dem Täufer sein, der beim Jordan zur Buße aufrief. Siehe Matthäus 3,4 und Kapitel 17 dieses Buches.

Feuer heißt *eesch*. Wenn jemand laut ruft *iesch-ha-Elohim* (Mann
Gottes), dann ist das *eesch-has-Elohim* (Feuer Gottes) sehr ähnlich.
Nun, Elia ist sowohl ein Mann Gottes als auch ein Mann des Feuers
und des Urteils. Am Berg Karmel kam Feuer vom Himmel und ver-
zehrte den Altar Gottes, auch in dieser Situation kommt Feuer vom
Himmel. Es verzehrt die fünfzig Mann und ihren Obersten, die
Ahasja gesandt hat, um Elia zu holen. Als der König eine zweite De-
legation mit einem frischen Obersten schickt, geschieht dasselbe:
Alle kommen um. Es ist unfassbar, dass König Ahasja nach diesen
Erfahrungen nicht zur Einsicht kommt, sondern eine neue Truppe zu
Elia sendet. Dass er sie damit dem sicheren Tod preisgibt, scheint ihm
egal zu sein. Er ist genauso rücksichtslos wie seine Mutter Isebel, ein
Menschenleben zählt nicht für ihn.

UMKEHR BRINGT GNADE

Wiederum begegnen wir einem König Israels, der auf Gottes Gebote
pfeift. Man fragt sich, wie man so starrsinnig, so unbelehrbar sein
kann. Wie man, nachdem zweimal fünfzig Mann umgekommen
sind, nicht zur Einsicht kommt, sondern einfach wieder fünfzig
Männer losschickt! Es ist dem dritten Obersten Ahasjas zu verdanken, dass seine Truppe mit dem Leben davonkommt. Im Gegensatz
zu seinen Kollegen, die umgekommen sind, befiehlt dieser Mann Elia
nicht, vom Berg herabzukommen, sondern er steigt selbst hinauf und
verbeugt sich vor Elia. Dieser dritte Oberste demütigt sich und fleht
den Propheten an, sein Leben und das seiner Männer zu verschonen.
Und dann sehen wir, was geschieht, wenn jemand sich klein macht
vor Gott (oder in diesem Fall vor seinem Diener Elia): Es folgt kein
Urteil, kein Feuer, sondern Gnade. Auch im Alten Testament, wo viel
Blut fließt und Menschen sterben, bleibt Raum für Umkehr und
Buße. Auch im Alten Testament gibt es immer wieder Momente, in
denen Gott Menschen gnädig ist.

Mit Jesus fängt eine neue Zeit an, die vom Propheten Jesaja als
„Gnadenjahr des Herrn" oder als *„das Jahr des Wohlgefallens für den*

Herrn" bezeichnet wird.[81] Mit und in Jesus wird Gottes Gnade sichtbar. Als seine Jünger ihm vorschlagen, Feuer vom Himmel zu bestellen, um die Einwohner eines Dorfes der Samariter zu verzehren, weil sie Jesus und seine Jünger nicht aufnehmen wollen, reagiert Jesus scharf.[82] Der Sohn des Menschen ist nicht gekommen, um Menschenseelen zu verderben, sondern um sie zu retten.

In 2. Könige 1,15 redet der Engel des Herrn zu Elia und ermutigt ihn, sich ohne Angst auf den Weg zum König zu machen. In der Begegnung, die folgt, hört Ahasja, was ihm schon gesagt worden ist: Weil er Boten gesandt hat, um Baal-Sebub, den Gott Ekrons, zu befragen, wird er an seinen Verwundungen sterben. Er hat noch keine zwei Jahre regiert, da wird sein Bruder Joram an seiner Stelle König vom Nordreich Israel.

81 Jesaja 61,2, siehe auch Lukas 4,18-19
82 Lukas 9,51-56

FRAGEN ZU KAPITEL 14

1. Wenn Menschen sterben, wird zurückgeblickt auf ihr Leben und ihre Person. Über Ahasja ist wenig Positives zu melden, über seinen Vater auch nicht (siehe z. B. 1. Könige 22,53-54). Wie soll man sich einmal an Sie erinnern?

2. Ahasja sucht Rat bei einem Abgott und wird dafür von Gott bestraft. Lesen Sie 5. Mose 18,10-14.
Was bedeutet Vers 13 für Ihren Alltag?

3. Lesen Sie Galater 5,13-26 und vergleichen Sie die Verse 19-21 mit den Versen 22-23.
Was ist nötig, damit in Ihnen die Frucht des Geistes wachsen kann?

Kapitel 15

VOM HIMMEL ABGEHOLT

2. Könige 2,1-18

Und es geschah, während sie gingen und redeten ...

Vers 11

Durch Glauben wurde Henoch entrückt, sodass er den Tod nicht sah, und er wurde nicht gefunden, weil Gott ihn entrückt hatte ...

Hebräer 11,5

Und es geschah, als der Herr den Elia im Sturmwind zum Himmel auffahren lassen wollte, da gingen Elia und Elisa von Gilgal fort. Und Elia sagte zu Elisa: Bleib doch hier! Denn der Herr hat mich nach Bethel gesandt. Elisa aber sagte: So wahr der Herr lebt und deine Seele lebt, wenn ich dich verlasse! Und sie gingen nach Bethel hinab. Da kamen die Söhne der Propheten, die in Bethel waren, zu Elisa heraus und sagten zu ihm: Hast du erkannt, dass der Herr heute deinen Herrn über deinen Kopf hin wegnehmen wird? Er sagte: Auch ich habe es erkannt. Seid still! Und Elia sagte zu ihm: Elisa, bleib doch hier! Denn der Herr hat mich nach Jericho gesandt. Er aber sagte: So wahr der Herr lebt und deine Seele lebt, wenn ich dich verlasse! Und sie kamen nach Jericho. Da traten die Söhne der Propheten, die in Jericho waren, zu Elisa und sagten zu ihm: Hast du erkannt, dass der Herr heute deinen Herrn über deinen Kopf hin wegnehmen wird? Er sagte: Auch ich habe es erkannt. Seid still! Und Elia sagte zu ihm: Bleib doch hier! Denn der Herr hat mich an den Jordan gesandt. Er aber sagte: So wahr der Herr lebt und deine Seele lebt, wenn ich dich verlasse! Und so gingen sie beide miteinander. Und fünfzig Mann von den Söhnen der Propheten gingen mit und blieben abseits stehen, als die beiden an den Jordan traten. Da nahm Elia seinen Mantel und wickelte ihn zusammen und schlug auf das Wasser. Und es teilte sich hierhin und dorthin, und die beiden gingen hinüber auf dem Trockenen. Und es geschah, als sie hinübergegangen waren, da sagte Elia zu Elisa: Bitte, was ich für dich tun soll, bevor ich von dir weggenommen werde! Elisa sagte: Dass mir doch ein zweifacher Anteil von deinem Geis gegeben werde! Da sagte er: Du hast Schweres erbeten! Wenn du mich sehen wirst, wie ich von dir weggenommen werde, dann wird dir das gegeben werden; wenn aber nicht, dann wird es dir nicht gegeben werden. Und es geschah, während sie gingen, gingen und redeten, siehe da: ein feuriger Wagen und feurige Pferde, die sie beide voneinander trennten! Und Elia fuhr im Sturmwind auf zum Himmel. Und Elisa sah es und schrie: Mein Vater, mein Vater! Wagen Israels und sein Gespann! Dann sah er ihn nicht mehr. Da fasste er seine Kleider und zerriss sie in zwei Stücke. Und er hob den Mantel des Elia auf, der diesem entfallen war, kehrte um und trat an das Ufer des Jordan. Und er nahm den Mantel des Elia, der diesem entfallen war, und schlug auf das Wasser und sagte: Wo ist der Herr, der Gott des Elia? Auch er schlug also auf das Wasser, und es teilte sich hierhin und dorthin, und Elisa ging hinüber. Als nun die Söhne der Propheten, die gegenüber in Jericho waren, ihn sahen, sagten sie: Der Geist des Elia ruht auf Elisa! Und sie kamen ihm entgegen und warfen sich vor ihm zur Erde nieder. Und sie sagten zu ihm: Sieh doch, es sind bei deinen Knechten fünfzig tüchtige Männer. Lass sie doch gehen und deinen Herrn suchen, ob nicht etwa der Geist des Herrn ihn weggetragen und ihn auf einen der Berge oder in eines der Täler geworfen hat! Er aber sagte: Sendet nicht! Doch sie drangen in ihn, bis er nachgab und sagte: Sendet! So sandten sie denn fünfzig Mann hin; die suchten drei Tage lang, aber sie fanden ihn nicht. Und sie kehrten zu ihm zurück, als er sich noch in Jericho aufhielt. Da sagte er zu ihnen: Hatte ich euch nicht gesagt: Geht nicht hin?

2. KÖNIGE 2,1-18

Von Henoch ist bekannt, dass er von Gott weggenommen worden ist. Dieser Mensch, der treu mit Gott wandelte, starb nicht, sondern „verschwand". Ein Kind erklärte das mal so: „Als Gott und sein Freund Henoch eines Tages eine Wanderung machten, hatten sie so viel zu reden, dass sie die Zeit vergaßen. Auf einmal merkte Henoch, dass es schon dunkel wurde. Sie waren sehr weit gelaufen und es war zu spät, um noch den ganzen Weg zurück nach Hause zu gehen. Da sagte Gott zu Henoch: ‚Komm doch einfach mit mir nach Hause', und das haben sie getan."

Das ist eine schöne Version des kurzen Berichts vom Heimgang Henochs.[83] Mit Elia ist er der einzige Mensch, der das Sterben, dem niemand entkommt (es sei denn, Jesus kommt vorher zurück), nicht erlebte. Diese beiden Männer wurden direkt von Gott „abgeholt".

In 2. Könige 2 sind Elia und Elisa gemeinsam unterwegs. Es steht ein enormes Erlebnis vor ihnen: die Himmelfahrt Elias. Sowohl Elia als auch Elisa scheinen sich dessen bewusst zu sein. Und auch einige Prophetensöhne, denen sie unterwegs begegnen, scheinen im Bilde zu sein. Wir kennen solche Männer aus der Zeit Samuels, denn dieser alte Prophet führte selbst eine Prophetenschule in Rama.[84] Die zwei Prophetenschulen, die es zur Zeit Elias in Bethel und in Jericho gab, sind der Beweis dafür, dass es – nach Gottes Wort an Elia – zur Zeit Ahabs und Isebels eine kleine Schar von Gottesmenschen gab.

DREI STATIONEN

Die Reise Elias und Elisas kennt an diesem Tag drei Stationen, die Elia dem Elisa nicht auf einmal, sondern in drei Phasen bekannt macht. Sie starten in Gilgal, dem Ort an der Ostgrenze von Jericho, wo Gottes Volk lagerte, nachdem es durch den Jordan gezogen war. Gilgal kennen wir als den Ort, wo Josua zwölf Steine, die man aus dem Jordan genommen hatte, als Denkmal für Gottes Macht und Stärke aufrichtete. In Gilgal wurden die Männer, die während der

---

83 1. Mose 5,24

84 z. B. 1. Samuel 19,18-20

vierzig Wüstenjahre erwachsen geworden waren, beschnitten. Dort wurde auch das Passahfest gefeiert, dort aß man zum letzten Mal das von Gott geschenkte Manna.[85]

Als Elia und Elisa Gilgal verlassen, drängt Elia seinen Gefährten dazu zurückzubleiben. *„Der Herr hat mich nach Bethel gesandt"*, sagt Elia (Vers 2). Man fragt sich, warum Elia Elisa zurücklassen will, aber deutlich ist das nicht. Unwillkürlich denkt man zurück an den Vorfall in der Wüste von Beerscheba, wo Elia seinen Diener zurückließ. Damals wollte der Prophet sterben, jetzt weiß er, dass er bald heimgehen wird. Will Elia alleine sein, um sich auf das Ende seines Lebens auf Erden vorzubereiten? Will er keine Zuschauer dabei haben, wenn Gott ihn zu sich nimmt? Oder will er Elisa auf die Probe stellen, um zu sehen, wie treu er ist? Nun, Elisa reagiert wie Rut reagierte, als ihre Schwiegermutter ihr und ihrer Schwägerin sagte, dass sie zu ihren eigenen Familien zurückkehren sollten[86]: Der junge Prophet ist nicht dazu zu bewegen, Elia alleine ziehen zu lassen.

So gehen sie gemeinsam nach Bethel, einer Stadt, die, wie Gilgal, eine besondere Bedeutung in der Geschichte Israels hat. In Bethel hat Abraham einen Altar errichtet und den Namen des Herrn angerufen.[87] Zwar hat König Jerobeam in dieser Stadt einen Stierdienst begonnen, die Geschichte Israels und Gottes Ziel mit seinem Volk hat er damit aber nicht zunichte gemacht. Israels großer König lässt sich nicht beiseite schieben: In Bethel gibt es eine Schule, wo Propheten Gottes ausgebildet werden.

Die Schüler kommen Elia und Elisa aus Bethel entgegen. Es ist ihnen offenbart worden, dass Wichtiges bevorsteht: Der Herr wird Elia wegnehmen. Wenn sie Elisa darauf ansprechen, geht der aber nicht darauf ein, sondern mahnt sie zum Schweigen. „Ich habe es auch erkannt", sagt er ihnen, „aber reden wir nicht darüber." Wieder spricht Elia zu ihm und macht einen zweiten Versuch, seinen Gefährten loszuwerden. *„Bleib doch hier! Denn der Herr hat mich nach Jeri-*

---

85 Josua 4,19-24 und 5,7-12

86 Rut 1,8-10 und 14

87 1. Mose 12,8

cho gesandt" (Vers 4). Auch diesmal lehnt Elisa ab, und so gehen sie gemeinsam weiter, insgesamt 24 Kilometer westwärts, bis nach Jericho. Damit sind sie wieder in einer Stadt, die einen wichtigen Platz in der Geschichte Israels einnimmt, denn Jericho war die erste Stadt, die Gottes Volk durch Gottes Hand einnahm, als es in das gelobte Land einzog.[88]

Als Elia und Elisa in Jericho einziehen, erinnert nichts mehr an die alte Geschichte des Volkes Gottes. Die Stadt ist – gegen Gottes ausdrückliches Verbot – wieder aufgebaut worden.[89] In Jericho gibt es aber auch eine Prophetenschule. Wie vorher in Bethel kommen auch jetzt Elia und Elisa Prophetenschüler entgegen, und auch diese wissen, dass Gott Elia bald wegnehmen wird. Auch in Jericho mahnt Elia sie zum Schweigen. Obwohl ihr Wissen einerseits eine Bestätigung für Elisa und Elia ist, dass sie das richtig verstanden haben und Elia bald zum Himmel fahren wird, ist es offensichtlich nicht die Zeit, um (groß) darüber zu reden.

Es gibt Momente, in denen es besser ist, die Dinge Gottes im Herzen zu bewahren, als sie gleich mit anderen zu teilen. Denken wir an die junge Maria, die es schaffte, über das, was die Hirten über ihren neugeborenen Sohn sagten, zu schweigen, während Josef vielleicht zu früh mit seinen Brüdern über seine Träume redete, was ihre Beziehung belastete.[90]

In Jericho versucht Elia erneut, Elisa loszuwerden, was ihm wiederum nicht gelingt. So machen sich der alte Prophet und sein zukünftiger Nachfolger auf den Weg zur nächsten Station: dem Jordan. Sie gehen diese etwa acht Kilometer ostwärts nicht alleine, denn es kommen fünfzig Prophetenschüler aus Jericho mit. Diese bleiben stehen, als Elia und Elisa beim Fluss ankommen. Dann geschieht etwas, was diese Schüler bisher nur aus ihren Geschichtsbüchern kennen: Das Wasser des Jordans teilt sich, sodass man, ohne nass zu werden, zur anderen Seite gehen kann, wie in der Zeit Moses oder Josuas, als das

---

88 Josua 6,1-20

89 Josua 6,26

90 Lukas 2,19 und 1. Mose 37,5-11

ganze Volk Gottes durch das trockene Flussbett des Roten Meeres bzw. des Jordans ging. Anders ist nur, dass Elia das Wasser mit seinem zusammengewickelten Mantel aufschlägt.

AUGEN, DIE VERBORGENES SEHEN

Als Elia und Elisa auf der anderen Seite des Jordans angekommen sind, ergreift Elia das Wort. Er sagt seinem Gefährten, dass der sich etwas wünschen darf, bevor er von ihm weggenommen wird. Elisa muss nicht lange nachdenken, er bittet um einen zweifachen Anteil von Elias Geist. Der junge Mann aus Abel-Mehola fühlt sich seiner Aufgabe als Prophet Israels nicht gewachsen, er wünscht sich eine starke Ausrüstung von oben. Diese Bitte hat eine besondere Bedeutung. Elisa betrachtet sich als erster Sohn Elias, und als solcher hat er nach dem Gesetz das Recht auf einen zweifachen Anteil der Erbschaft.[91] Elia kann damit nur einverstanden sein, denn Gott hat es so bestimmt, dass Elisa – und nicht einer von den fünfzig Prophetenschülern, die zuschauen – Elia nachfolgen wird. Es gibt aber eine Bedingung, die sich wie eine Prüfung anhört: Wenn Elisa sehen wird, dass Elia vom Herrn weggenommen wird, wird seine Bitte erhört. Wenn aber nicht, dann eben nicht.

Was will Elia mit dieser Bedingung sagen? Nach Ernst Modersohn ging es dem Propheten darum, dass Elisa die geistliche Reife besaß, die verborgenen oder unsichtbaren Dinge Gottes wahrzunehmen.[92] Das ist ein faszinierender Gedanke! Und eine Herausforderung für alle Kinder Gottes. Wir sollen es lernen, hinter die Kulissen der menschlichen Bühne zu schauen und die unsichtbare Welt Gottes wahrzunehmen. Der Heilige Geist will uns dabei helfen und uns die Augen und Ohren öffnen, damit wir sehen, hören und erkennen.

Später, wenn Elia nicht mehr da ist, wird Elisa in einer sehr bedrohlichen Situation Gott darum bitten, die Augen seines Dieners zu öffnen, damit er Gottes Wirklichkeit sieht. Der Diener ist in dieser

---

91 Siehe 5. Mose 21,17
92 Ernst Modersohn: Der Prophet Elia, Evangelische Verlagsanstalt Berlin

Situation verzweifelt, weil er ein starkes Heer gesehen hat, das die Stadt umringt. Als Gott aber auf Elisas Bitte hin dessen Augen öffnet, sieht er, dass der Berg voll von feurigen Pferden und Kriegswagen um Elisa herum ist.[93]

Jetzt, während Elia und Elisa noch beisammen sind, sind auch feurige Pferde im Anzug. Sie werden abrupt erscheinen, während Elia und Elisa unterwegs sind und reden (Vers 11). Die zwei Männer haben sich nicht hingesetzt, um den Moment abzuwarten, in dem Gott Elia abholen wird. Sie gehen weiter, sie reden weiter. Sie handeln nach Luthers Worten, der sinngemäß sagte: „Wenn ich wüsste, dass die Welt morgen unterginge, würde ich noch heute einen Baum pflanzen." Elia und Elisa lassen sich nicht lahmlegen von dem, was bald geschehen wird. Sie sind und bleiben miteinander im Gespräch. Diese letzten Minuten sind kostbar, es wird um wesentliche Dinge gegangen sein. Denn wenn ein endgültiger Abschied bevorsteht, redet man nicht über *irgendetwas*.

FREI VON ANGST

Es fällt auf, dass bei Elia keine Spur von Spannung oder Angst ist, obwohl der Prophet weiß, dass sein Leben auf dieser Erde bald ein Ende nehmen wird. Elia hat keine Fragen, er hat anscheinend auch keine Probleme damit, das Leben loszulassen und seinen Dienst abzugeben. Er macht sich keine Sorgen darüber, wie das gehen wird, wenn ihn der Herr zu sich nimmt. Er ist zuversichtlich, dass das alles in Ordnung geht. Dieser Mensch ist so stark mit seinem Herrn verbunden, dass er voller Vertrauen darauf warten kann, was geschehen wird. Elia, der sich bei Ahab vorstellte als der Mann, der vor Gott steht, und der im Brief des Jakobus beschrieben wird als einer, der beständig oder betend betete, hat keinen Grund, nervös oder ängstlich zu sein. Er weiß sich geborgen bei Gott. Im Leben wie im Sterben.

Während der Prophet und sein Diener gehen und reden, geht der

---

93 2. Könige 6,16-17

Himmel auf. Die beiden Männer werden von einem feurigen Wagen mit feurigen Pferden voneinander getrennt. Das Nächste, das wir erfahren, ist: *„Und Elia fuhr im Sturmwind auf zum Himmel"* (Vers 11). Die Weise, in der er geht, in einem Streitwagen mit feurigen Pferden, passt total zu diesem Propheten. Genau so ist Elia auf Erden aufgetreten: Er tauchte auf mit einer feurigen Botschaft, er war ein Sturmwind, der vieles bewegte.

Es dauert vielleicht nur wenige Augenblicke, dann steht Elia schon vor seinem Gott und Elisa ist für immer von seinem Meister getrennt. Der junge Mann schreit laut auf: *„Mein Vater, mein Vater!"* Und dann: *„Wagen Israels und sein Gespann!"* (Vers 12) Noch während er schreit, steht er schon alleine am Ufer des Jordans. Das Einzige, was ihm von seinem Lehrer geblieben ist, ist dessen Mantel.

ABSCHIED VOM MENTOR

Mein Vater, mein Vater! Die Worte kommen direkt aus dem Herzen Elisas. Vor Jahren hat er sein Elternhaus verlassen, um Elia nachzufolgen. Der alte Prophet ist nicht nur sein Mentor geworden, sondern auch eine Vaterfigur.

Wie kostbar das ist, habe ich selbst erfahren, denn es hat auch in meinem Leben, in den Jahren nach meiner Bekehrung, einen Mentor gegeben, der im Laufe der Zeit eine Vaterfigur für mich wurde. Dieser Mann hat mich mit seinen väterlichen Briefen treu begleitet. Als wir uns begegneten – ich habe ihn und seine Frau öfters in ihrem Wohnort in Wales besucht –, wurden lange Wanderungen unternommen, wobei es immer tiefgehende Gespräche gab. Ich habe ihm viel zu verdanken. Als er starb, war das ein großer Verlust – auch wenn wir zu der Zeit nicht mehr den intensiven Kontakt der ersten Jahre nach meiner Bekehrung hatten. Für Elisa muss das Heimgehen seines Mentors viele Male schwerer gewesen sein, denn Elia und Elisa waren gut zehn Jahre gemeinsam unterwegs und aufeinander angewiesen. Und die Weise, wie sie sich trennten, war dramatisch.

Nun hat sich der Wind gelegt und Elisa steht alleine am Ufer des

Jordans. Vor ihm liegt die immense Aufgabe, der Nachfolger des erfahrenen und weisen Gottesmannes Elia und der neue Prophet Israels zu werden. Mit seinem Herzensschrei „*Mein Vater, mein Vater!*" hat er sich von seinem Mentor verabschiedet. Mit seinen darauffolgenden Worten „*Wagen Israels und sein Gespann*" (Vers 12) spricht Elisa aus, dass der Prophet für Israel viele Male wichtiger gewesen ist als das Heer mit seinen 10.000 Streitwagen. Elia hat immer wieder zur Buße aufgerufen. Hätte man seine Worte ernst genommen und sich bekehrt, so wäre man nicht länger von einem stummen Abgott geknechtet gewesen, sondern hätte Gottes Kraft gekannt und erlebt. Dann wäre Israel ein kräftiges Vorbild für die Nationen ringsum gewesen.

Am Jordan zerreißt Elisa seine Kleidung in zwei Stücke, ein Zeichen von Trauer. Dann hebt er den Mantel Elias auf, geht zum Ufer des Jordans und schlägt mit dem Mantel auf das Wasser. Seine Worte „*Wo ist der Herr, der Gott des Elia?*" (Vers 14) sollen nicht als Frage, sondern eher als Proklamation verstanden werden. Elisa fordert Gott heraus, sich zu zeigen. Und das tut er, denn das Wasser des Jordans teilt sich erneut. Vor den Augen der Prophetenschüler geht der Prophet durch das trockene Flussbett auf die andere Seite. Es ist ein wichtiger Moment, denn mit diesem Wunder beglaubigt der Herr Elisa als Nachfolger Elias. Der Bauernsohn wird aufgenommen in den erlauchten Kreis solcher Gottesmänner wie Mose, Josua und Elia, die alle erlebten, dass sich Wasser teilte. Seine Bitte um eine besondere Ausrüstung von oben ist honoriert worden. Die Prophetenschüler drücken das so aus: „*Der Geist des Elia ruht auf Elisa!*" (Vers 15). Sie gehen dem Propheten entgegen und werfen sich vor ihm nieder.

Es ist ein Wunder geschehen: Elia wurde vom Himmel abgeholt und Elisa hat das wahrgenommen. Die Prophetenschüler jedoch haben davon nichts mitbekommen. Sie merken zwar, dass Elia nicht mehr da ist, an eine Himmelfahrt scheinen sie aber nicht zu glauben. Sie nehmen an, dass Elias Körper auf der Erde zurückgeblieben ist, und wollen ihn suchen gehen. Sie dringen so sehr darauf, dass Elisa nachgibt und es ihnen erlaubt, obwohl er weiß, dass es sinnlos ist. Als die fünfzig Schüler nach drei Tagen Suche unverrichteter Dinge zurückkehren, hat Elisa ihnen nichts anderes zu sagen als *„Hatte ich euch nicht gesagt: Geht nicht hin?"* (Vers 18) Elia ist direkt zum Himmel gefahren, ein Grab auf dieser Erde braucht er nicht.

Kurze Zeit später findet das nächste Wunder Elisas statt: Er verwandelt das schlechte Wasser in Jericho in gutes.[94] In 2. Könige 2,13-23 geht er vom Jordan über Jericho nach Bethel und von dort zum Berg Karmel und schließlich nach Samaria (Vers 25). Es ist derselbe Weg, den Elia gegangen ist, nur in umgekehrter Richtung.

---

94 Über dieser Stadt lag ein Fluch (siehe Josua 6,26), von daher das schlechte Wasser?

Fragen zu Kapitel 15

1. Lesen Sie 1. Thessalonicher 4,13-18 und Römer 8,11. Wer sind die „Entschlafenen", über die Paulus schreibt? Worauf ist unsere Hoffnung (Vers 13) gegründet?
   Wie sieht die (ferne) Zukunft eines Christen aus und wie sollen wir uns das vorstellen (Vers 17)?

2. Lesen Sie 1. Thessalonicher 5,1-11. Was wird hier über Christen gesagt, wozu werden wir aufgefordert? Was hat Gott mit uns vor?

3. Elisa hatte das Vorrecht, über längere Zeit einen Mentor zu haben. Kennen Sie andere Menschen in der Bibel, die dieses Vorrecht auch hatten?

4. Wie sieht das in Ihrem Leben aus. Hat es auch Menschen gegeben, die Sie geistlich begleitet haben? Gibt es Menschen, für die Sie selbst ein Mentor sein können?

Kapitel 16

POST FÜR KÖNIG JORAM VON JUDA

2. Chronik 21,5-7 und 11-15

Da gelangte ein Schreiben von dem Propheten Elia an ihn ...

2. Chronik 21,12

32 Jahre war Joram alt, als er König wurde, und er regierte acht Jahre in Jerusalem. Und er ging auf dem Weg der Könige von Israel, wie es das Haus Ahabs getan hatte, denn er hatte eine Tochter Ahabs zur Frau. Und er tat, was böse war in den Augen des Herrn. Aber der Herr wollte das Haus Davids nicht zugrunde richten, wegen des Bundes, den er mit David geschlossen hatte, und weil er gesagt hatte, dass er ihm und seinen Söhnen eine Leuchte geben wolle alle Tage.

2. CHRONIK 21,5-7

Auch er machte Höhen auf den Bergen Judas und hielt die Bewohner von Jerusalem zur Hurerei an, und er verführte Juda. Da gelangte ein Schreiben von dem Propheten Elia an ihn, das lautete: So spricht der Herr, der Gott deines Vaters David: Weil du nicht auf den Wegen deines Vaters Joschafat und auf den Wegen Asas, des Königs von Juda, gegangen bist, sondern auf dem Weg der Könige von Israel gegangen bist und Juda und die Bewohner von Jerusalem zur Hurerei angehalten hast, nach den Hurereien des Hauses Ahabs, und weil du auch deine Brüder, das Haus deines Vaters, umgebracht hast, die besser waren als du: Siehe, der Herr wird dein Volk und deine Söhne und deine Frauen und all deinen Besitz mit einer großen Plage treffen. Du aber wirst eine schwere Krankheit erleiden, eine Krankheit deiner Eingeweide, bis deine Eingeweide im Laufe der Zeit infolge der Krankheit heraustreten werden.

2. CHRONIK 21,11-15

Bis jetzt sind wir immer im Nordreich Israels gewesen, dem Gebiet, wo Elia auftrat. Die Trennung zwischen den beiden Reichen hatte für das Südreich den Vorteil, dass die extreme Entwicklung des Baalsdienstes unter Ahab und Isebel an ihm vorbeiging. Dennoch lief es im Südreich nicht nur gut, denn auch dort wechselten sich gute und schlechte Könige ab.

In diesem Kapitel halten wir uns kurz im Südreich auf. Es herrscht dort König Joram, der fünfte König von Juda.[95] Was uns zu diesem König führt, ist ein Brief von Elia an ihn, der in 2. Chronik auftaucht. Wann Elia diesen Brief schrieb und wie er zum König in Juda gekommen ist, erfahren wir nicht. Die Botschaft aber ist klar und typisch für Elia: Sie enthält eine deutliche Ermahnung an einen König, der Gott untreu ist und sein Volk in die Irre führt.

König Joram war der Sohn von Joschafat, der 25 Jahre in Jerusalem regierte und ein gutes Zeugnis hinterließ: *„Er tat, was recht war in den Augen des Herrn."*[96] Doch ließ Joschafat es zu, dass das Volk zu seiner Zeit noch immer *auf den Höhen* opferte.[97] Das ist eine Schwäche, die wir immer wieder bei den alttestamentlichen Königen antreffen: Man will Gott dienen, lässt aber Dinge zu, die Gottes Willen nicht entsprechen. Joschafat war ein solcher Mensch, er hatte ein geteiltes Herz. Elia würde sagen: Er hinkte auf beiden Seiten!

Dasselbe galt leider auch für Joschafats Sohn und Nachfolger König Joram von Juda. Er war nicht nur ein Mann mit einem geteilten

---

95 Wir dürfen König Joram von Juda nicht verwechseln mit dem neunten König von Israel, der auch Joram hieß.

96 2. Chronik 20,32

97 1. Könige 22,43-44 und 2. Chronik 20,33. Diese Höhen hatten anfänglich nichts mit Götzendienst zu tun, sie dienten als Opferstätten, bis in Jerusalem der Tempel gebaut wurde (siehe z. B. 1. Samuel 9,11-12). Nach der Teilung Israels in zwei Reiche bekamen die Höhen (hebräisch: *bama*) allmählich eine negative Bedeutung als kultische Anbetungsstätte. Es war die Folge negativer Entwicklungen in beiden Reichen. Jerobeam, der erste König des Nordreiches, stellte in Bethel und Dan den Stierdienst ein und baute Höhenheiligtümer (1. Könige 12,28-32), während sich die Einwohner des Südreiches Juda unter ihren ersten König Rehabeam dem kanaanitischen Götzendienst hingaben (1. Könige 14,23-24).

Herzen, er war auch ein sehr grausamer Mensch. Als er mit 32 Jahren König wurde, ließ er gleich alle seine Brüder und einige der Obersten Israels umbringen.[98] Das war aber nur der Anfang. Joram ließ die Höhen nicht nur bestehen, er errichtete während seiner Regierung selbst Höhen auf den Bergen Judas und ermutigte die Bewohner von Jerusalem zur Untreue Gott gegenüber.[99] Die Folgen blieben nicht aus: Es fand eine dramatische geistliche Verschiebung im Südreich statt. Die Menschen wandten sich massenhaft an die Götzen.

Was brachte Joram von Juda dazu, so gottlos zu handeln? Die Antwort auf diese Frage gibt uns 2. Chronik 21,6: *„Er ging auf dem Weg der Könige von Israel, wie es das Haus Ahabs getan hatte, denn er hatte eine Tochter Ahabs zur Frau."* Was schon bei Ahab und Isebel gewesen ist, scheint sich hier wiederholt zu haben. Die Väter hatten einen Bund miteinander geschlossen und ihre Kinder heirateten. Die Folgen waren verheerend. In beiden Fällen ließen sich die Männer von ihren Frauen mitreißen. Isebel verführte Ahab von Israel zum Götzendienst. Ihre Tochter Atalja, die ihrer Mutter als Götzendienerin in nichts nachstand, verführte Joram von Juda. Es waren ungleiche Paare, Männer Gottes, die gottlose Frauen heirateten. Die Schwächen dieser Männer, ihre Neigung, Böses in ihrem Leben zuzulassen, wurde durch ihre Frauen verstärkt.

Wenn man heiratet, verbindet man sich nicht nur mit einem Mann oder einer Frau, sondern mit allem, was der Partner glaubt und lebt. Ahab und Joram holten sich mit ihren Frauen den Götzendienst ins Haus. Wie anders wäre es gelaufen, wenn diese Männer starke, gläubige Frauen geheiratet hätten. Als Eheleute hätten sie sich gegenseitig in ihrem Glauben unterstützen können und gemeinsam wären sie ihrem Volk ein Vorbild gewesen. Stattdessen verloren diese Könige ihre Kraft und ihr Volk wurde vergiftet.

---

98 2. Chronik 21,4

99 2. Chronik 21,11

Prophet des Feuers

Der Brief Elias ist vor diesem Hintergrund zu verstehen. In Jerusalem herrscht ein schwacher König, der sich von seiner gottlosen Frau regieren lässt. Es ist die Zeit gekommen, dass Gott ihn zur Rede stellt. Der Mann, der das in seinem Namen tun soll, ist Elia.

Manchmal frage ich mich, ob der Prophet nicht langsam mutlos wurde, als er immer wieder den Auftrag bekam, jemandem das Urteil Gottes anzusagen. Einen solchen Dienst wünscht sich doch niemand! Es ist doch viel angenehmer, wenn man Menschen eine frohe Botschaft bringen darf und deswegen auch gerne gesehen ist. Elia aber musste immer tadeln, immer zurechtweisen, ohne dass das viel ausrichtete. Er wurde wegen seiner Botschaft gehasst und verfolgt. Was für einen schweren, einsamen Weg musste dieser Mann gehen! Es ist kein Wunder, dass er in seinem Leben zumindest ein Mal, in der Wüste von Beerscheba, aufgeben wollte. Er hat aber weitergemacht und bis an sein Lebensende treu im Dienst gestanden. Das ging nur, weil er sich an seinen Gott festklammerte und sich von ihm führen, erquicken und stärken ließ.

Ein Gesandter Gottes zu sein, ist ein schwerer Weg. Zwar bringt man mit dem Evangelium eine gute Botschaft der Liebe und der Gnade Gottes, man kann aber nicht umhin, dass es eine Kehrseite gibt, die den Menschen unangenehm ist: Wer seinen Weg ohne Gott geht, wer nicht bereit ist, sich von seinen Sünden oder Götzen zu trennen, wird von Gott gerichtet und ist ein Kind des Todes.[100]

In diesem Licht dürfen wir Elias Dienst sehen. Er war nicht der Redner, der mit den Menschen auf Kuschelkurs ging, indem er nur das sagte, was sie hören wollten. Elia hätte sich auf „Verwöhntagen", die heute so beliebt sind, sicher nicht wohlgefühlt. Er hätte Veranstaltungen gemieden, in denen verkündigt wird, dass Jesus seinen Nachfolgern ein unbekümmertes, glückliches, erfolgreiches Leben anbietet. Elia war ein Mensch, der *Gottes* Botschaft brachte. In der gegebenen Situation bedeutete das, dass er ermahnen, tadeln und Gottes Urteil verkündigen musste. Elia tat es. Er war ein Knecht

---

100 Römer 6,23

Gottes, der bereit war, sein Kreuz auf sich zu nehmen und Hohn und Hass von Menschen zu erdulden.

DER BRIEF ELIAS

Als Gott Elia dazu beauftragt, König Joram von Juda anzukündigen, dass seine Frauen und Söhne und das Volk eine große Plage erwartet, während Joram selbst an einer furchtbaren Krankheit sterben wird, setzt der Prophet sich hin und schreibt dem König unumwunden, was auf ihn zukommt. Es ist ein hartes Urteil, trotzdem ist dieser Brief Elias an Joram ein Zeichen der Treue Gottes. Obwohl Gott immer wieder konfrontiert wird mit der Untreue seiner Könige und seines Volkes, bleibt er seiner Verheißung an David treu: Jerusalem ist die Stadt, an die er seinen Namen gebunden hat, und es wird in dieser Stadt nie ein König fehlen.[101] Gott hat gesehen, wie das im Nordreich gelaufen ist, jetzt sieht er, dass das Südreich durch Joram *auf dem Weg der Könige von Israel gegangen ist.*" (Vers 6) Aber statt mit seinem ganzen Volk abzurechnen und einen Strich unter seine Pläne mit ihnen zu setzen, entfernt er den faulen Apfel (Joram und sein Haus) und fängt neu an mit dem einzig übriggebliebenen Sohn Jorams: Joahas. So gibt es einerseits ein hartes Urteil, andererseits aber die große Gnade eines Gottes, der nicht aufgibt, was er angefangen hat. Elias Brief ist die Nachricht eines heiligen und barmherzigen Gottes.

101 2. Chronik 21,7

Fragen zu Kapitel 16

1. Indirekt vermittelt uns die Lebensgeschichte von König Ahab und König Joram eine wichtige Lektion bzgl. Partnerwahl und Ehe.
Lesen Sie 2. Korinther 6,14-16.
Warum betont Paulus, dass ein Christ sich in der Ehe nur mit einem gleichgesinnten Partner verbinden soll?

2. Lesen Sie 1. Mose 24,1-9.
Welchen Auftrag bekam der Knecht Abrahams, als er eine Frau für Isaak suchen sollte? Warum war ihm das Ganze so wichtig? Lesen Sie auch die Verse 10-27!
Welche Dinge machen klar, dass der Knecht seinen Auftrag in Abhängigkeit zu Gott erfüllte? Was können wir daraus lernen?

3. In Ahabs und Jorams Ehe reißt die Frau ihren Mann mit auf ihre Abwege.
Welchen Einfluss haben Sie in Ihrer Ehe auf Ihren Partner? Und wie beeinflussen Sie Ihre Kinder, Freunde, Kollegen?

4. König Joram räumte die Menschen aus dem Weg, die ihm im Weg stehen könnten, darunter seine eigenen Brüder.
Könnte es sein, dass auch wir in gewisser Weise wie Joram reagieren und Menschen, die uns bedrohen, beiseite schieben? Welche Methoden kennen wir, um Menschen aus dem Weg zu räumen? Lesen Sie Galater 5,13-26.
Was bedeutet es, in einer solchen Situation die Gesinnung Christi zu haben und zu zeigen?

Kapitel 17

JESUS, MOSE UND ELIA

Lukas 9,28-36

*Und siehe, Mose und Elia erschienen ihnen und unterredeten sich mit
ihm* (Jesus).

Matthäus 17,3

*Das war das wahrhaftige Licht, das, in die Welt kommend, jeden Men-
schen erleuchtet. (...) und wir haben seine Herrlichkeit angeschaut, eine
Herrlichkeit als einen Eingeborenen vom Vater, voller Gnade und Wahrheit.*

Johannes 1,9 u. 14

Es geschah aber etwa acht Tage nach diesen Worten, dass er Petrus und Johannes und Jakobus mitnahm und auf den Berg stieg, um zu beten. Und als er betete, veränderte sich das Aussehen seines Angesichts, und sein Gewand wurde weiß, strahlend. Und siehe, zwei Männer redeten mit ihm, es waren Mose und Elia. Diese erschienen in Herrlichkeit und besprachen seinen Ausgang, den er in Jerusalem erfüllen sollte. Petrus aber und die mit ihm waren, waren beschwert vom Schlaf; als sie aber völlig aufgewacht waren, sahen sie seine Herrlichkeit und die zwei Männer, die bei ihm standen. Und es geschah, als sie von ihm schieden, sprach Petrus zu Jesus: Meister, es ist gut, dass wir hier sind; und lass uns drei Hütten machen, dir eine und Mose eine und Elia eine. Und er wusste nicht, was er sagte. Als er aber dies sagte, kam eine Wolke und überschattete sie. Sie fürchteten sich aber, als sie in die Wolke hineinkamen; und es geschah eine Stimme aus der Wolke, die sagte: Dieser ist mein auserwählter Sohn, ihn hört! Und während die Stimme geschah, war Jesus wieder allein. Und sie schwiegen und verkündeten in jenen Tagen niemand etwas von dem, was sie gesehen hatten.

Lukas 9,28-36

Dieser Bericht findet sich auch in Matthäus 17,1-13 und in Markus 9,2-13.

Die Geschichte Elias endet nicht mit dem Bericht seiner Himmelfahrt in 2. Könige 2. Die Erinnerung an diesen auffallenden Propheten ist immer lebendig geblieben. Und das nicht nur, weil er ein so starkes Zeugnis zurückgelassen hat, sondern auch weil der Prophet Maleachi gesagt hat, dass der erwartete Erlöser Israels erst kommen wird, nachdem Elia auf die Erde zurückgekehrt ist.[102] Bis heute wartet die Mehrheit der religiösen Juden auf das Wiederkommen des alten Propheten (und damit auch auf das Kommen des Messias). Bei der Sedermahlzeit, die jedes Jahr bei vielen jüdischen Familien als Einführung auf das Pesachfest gefeiert wird[103], wird noch immer für eine Extra-Person gedeckt. Es könnte ja sein, dass Elia an diesem Tag zurückkommt.

Vor gut zweitausend Jahren geht – nach vier Jahrhunderten, in denen keine Propheten gesprochen haben – der Himmel auf: Jesus wird geboren. Sein Wirken auf dieser Erde hat von Anfang an zu vielen Fragen und Spekulationen geführt. Eigentlich fing die Verwirrung schon an, als Johannes der Täufer beim Jordan wirksam war. Diese auffallende Figur war dem alten Propheten Elia nämlich merkwürdig ähnlich. Er war, wie Elia, ein Wüstenmensch. Er trug, wie Elia, einen Mantel aus Kamelhaar.[104] Er rief, wie Elia, zur Buße auf. Neu und aufregend war, dass Johannes der Täufer verkündigte, dass er der Vorläufer des kommenden Messias war. Er sagte auch, dass der Messias in diesen Tagen tatsächlich auf Erden angekommen war.

Das Wirken des Johannes, über den der Engel Gabriel vorausgesagt hatte, dass er *„vor Gott leben (oder hergehen) würde in dem Geist und der Kraft des Elia"*[105], war bald das Tagesgespräch in Israel und führte zu heftigen Diskussionen und Spekulationen. Man fragte den Täufer öfters, ob er vielleicht Elia sei, was er immer wieder verneinte.

Auch von Jesus dachten einige Menschen, dass er Elia sein könn-

---

102 Maleachi 3,22-24

103 Die meisten Speisen dienen als Symbole für die Erfahrungen des alten Volkes, als es aus Ägypten auszog.

104 2. Könige 1,8, vgl. Matthäus 3,4

105 Lukas 1,17

te. Als der Herr seine Jünger fragte, was die Volksmenge über ihn sagte, antworteten sie, dass einige ihn für Johannes den Täufer hielten (der Täufer war zu dieser Zeit gerade von Herodes enthauptet worden) oder auch für Elia, Jeremia oder andere der alten Propheten. Als Jesus seine Jünger darauf fragte, was sie selbst meinten, wurde Petrus von Gott die Antwort eingegeben: *„Du bist der Christus, der Sohn des lebendigen Gottes.“*[106]

JESUS DAS LICHT DER WELT

Es nähert sich das Ende des öffentlichen Dienstes Jesu auf der Erde. Nach dem Bekenntnis von Petrus (*„Du bist der Christus“*) hat Jesus damit angefangen, seine Jünger auf sein Leiden und Sterben vorzubereiten. Dann kommt der Moment, als er Petrus, Jakobus und Johannes aussondert und auf den Berg, den wir als *Berg der Verklärung* kennen, mitnimmt. [107]

Matthäus, Markus und Lukas beschreiben, wie die drei Jünger Jesu miterleben dürfen, dass das Angesicht ihres Herrn wie die Sonne zu leuchten beginnt, dass Mose und Elia erscheinen und Gott selbst spricht. Matthäus und Markus berichten, dass er *umgestaltet* wird. Matthäus sagt: *„Sein Angesicht leuchtete wie die Sonne, seine Kleider aber wurden weiß wie das Licht.“* Markus schreibt: *„Seine Kleider wurden glänzend, sehr weiß, so wie kein Walker auf der Erde weiß machen kann.“* Lukas spricht von einem *„strahlenden Weiß“*.[108] Bei den Jüngern hat das alles einen bleibenden Eindruck hinterlassen. Petrus schreibt später in seinem zweiten Brief: *„Wir sind Augenzeugen seiner Herrlichkeit gewesen.“*[109]

---

106 Matthäus 16,13-17, Lukas 9,18-20

107 Obwohl von vielen Menschen angenommen wird, dass mit diesem Berg der Berg Tabor gemeint ist, spricht vieles dafür, dass es der Berg Hermon war. Ein wichtiger Grund für diese Annahme ist die geografische Nähe dieses Berges zu Cäsarea Philippi, der Gegend, wo Jesus und seine Jünger in diesen Tagen unterwegs waren.

108 Matthäus 17,2; Markus 9,3; Lukas 9,29

109 2. Petrus 1,16

Mose und Elia bei Jesus

Die Jünger sind total benommen von dem, was hier vor ihren Augen geschieht, dann aber folgt schon das nächste Wunder: Es erscheinen Mose und Elia aus der Herrlichkeit, sie landen vom Himmel auf dem Berg.

Dass gerade sie erscheinen, ist kein Zufall. Diese Männer sind die Vertreter der hebräischen Theokratie – des Gesetzes (Mose) und der Propheten (Elia).[110] Als solche stehen sie hier vor Jesus, der die Erfüllung von beiden – dem Gesetz und den Propheten – ist. Auffallend ist, dass Maleachi sie beide in seiner Prophezeiung über den kommenden Messias erwähnt hat.[111]

Sowohl Mose als auch Elia haben während ihres Lebens auf der Erde etwas von Gottes Herrlichkeit sehen dürfen.[112] Von Mose ist bekannt, dass die Haut seines Gesichtes leuchtete, als er, nachdem er 40 Tage bei Gott gewesen war, vom Berg Sinai herabkam.[113] Sein Leuchten war eine Widerspiegelung der Herrlichkeit Gottes. Das Leuchten Jesu am Berg der Verklärung aber ist keine solche Widerspiegelung: Er leuchtet selbst, er ist ja selbst das Licht.[114]

Mose und Elia sind als himmlische Boten gekommen, um Jesus zu ermutigen. Noch ist Gottes Sohn als Mensch auf dieser Erde. Das Leiden, das vor ihm liegt, bedrückt ihn. Am Berg wird darüber gesprochen: *„Sie besprachen seinen Ausgang* (Griechisch: Exodos), *den er in Jerusalem erfüllen sollte."*[115] Es geht um die unmenschlich schwere letzte Etappe des Weges Jesu auf dieser Erde. Als Jesus vom Berg zurückkehrt, warten Jerusalem und Golgatha. Dort wird er verhaftet und hingerichtet werden, dort wird er sterben.

Im Himmel muss dies alles *das* Thema gewesen sein. Aber nicht nur dort. Es war auch das Thema, das Satan in diesen Tagen sehr

---

110 Matthäus 5,17 und Johannes 1,17. Siehe auch Johannes 1,45.

111 Maleachi 3,22-23

112 2. Mose 33,18-23 und 34,5-6 (Mose) und 1. Könige 19,11-13 (Elia)

113 2. Mose 34,29-30.35

114 Offenbarung 22,16

115 Lukas 9,3

beschäftigte. Er wollte Jesus – koste es, was es wolle – davon abhalten, diesen Weg bis zum Ende zu gehen. Dass den Jüngern eine klare Sicht auf Jesu Auftrag fehlte, muss ihn gefreut haben. Und ebenso, dass es ihm gelungen war, Petrus so stark zu beeinflussen, dass er Jesu Reden über seine Leiden rigoros abgelehnt und versucht hat, ihn auf andere Gedanken zu bringen.[116]

Im Gegensatz zu den Jüngern Jesu haben Mose und Elia eine klare himmlische Sicht auf das, was bevorsteht. Sie haben ihren persönlichen Exodus hinter sich, sie sind nicht mehr *irdisch,* wie es die Jünger Jesu sind, sie tragen das *Bild des Himmlischen.*[117] Als solche sind sie die richtigen Personen, um Jesus zu sagen, dass er den Weg, der vor ihm liegt, erfüllen soll. Um ihn an die Herrlichkeit des Himmels zu erinnern, die nach seinem Leiden kommt. Sie selbst haben diese Herrlichkeit schon geschmeckt, sie wissen, wovon sie reden.

Zurück ins Tal

Auf dem Berg ist inzwischen die Zeit gekommen, dass Elia und Mose in den Himmel zurückkehren sollen. In dem Moment, als sich die Männer, so schreibt es Lukas, *langsam trennen,* kommt Petrus mit einem in seinen Augen genialen Vorschlag. Er meint es gut, aber wie schon öfters ist das, was Petrus vorschlägt, fehl am Platz. Der Apostel will drei Hütten bauen: je eine für Jesus, Mose und Elia. Offensichtlich will Petrus nicht nur diesen besonderen, himmlischen Moment, sondern auch die drei Menschen, die hier anwesend sind, festhalten. Vielleicht hat er unbewusst im Sinn, dass er Jesus auf diese Weise davor beschützen kann, dass er unten – wo das normale Leben stattfindet – leiden und sterben wird. Man spürt die Begeisterung von Petrus und seine Hingabe. Er möchte Jesus, Mose und Elia etwas Gutes tun. Sie sollen auf dem Berg bleiben und weiterhin miteinander reden. Jesus aber darf sich nicht aufhalten lassen. Menschenpläne, wie gut sie auch gemeint

116 Matthäus 16,22-23

117 1. Korinther 15,49

sind, dürfen Gottes Pläne nicht durchkreuzen. Sie können es auch nicht!

AUF GOTT HÖREN

Petrus hat kaum ausgesprochen, da geschieht wieder ein Wunder. Es kommt eine Wolke, die sie überschattet. Für Mose ist das nicht neu. Als er das Volk Gottes aus Ägypten und durch die Wüste führte, zog Gott tagsüber in einer Wolkensäule vor ihnen her, um sie zu führen.[118] Als er auf den Berg Sinai stieg, um die Gesetzestafel von Gott zu empfangen, ließ sich die Herrlichkeit des Herrn in einer Wolke auf dem Berg nieder.[119] Als Gott sich ihm vor der Höhle am Berg Sinai offenbarte, stieg der Herr in der Wolke herab und rief Mose aus der Mitte der Wolke zu.[120] Beim Zelt der Begegnung war die Wolke immer wieder sichtbar anwesend und zeigte Gottes Volk, wann es Zeit war, aufzubrechen und weiterzuziehen.[121] Hier, auf dem Berg der Verklärung, ist die Rede von einer lichten Wolke, aus der Gottes Stimme klingt: *„Dieser ist mein geliebter Sohn, an dem ich Wohlgefallen gefunden habe."*[122] Es sind dieselben Worte, die Gott nach der Taufe Jesu sprach.[123] In Anwesenheit von Mose, Elia und den drei Jüngern verkündigt Gott erneut, dass Jesus sein geliebter Sohn ist. Diesmal aber fügt er etwas hinzu: *„Ihn hört!"* Das sagte auch Mose dem alten Volk Gottes, als er ihnen verkündigte, dass Gott aus ihrer Mitte einen Propheten erstehen lassen würde.[124]

Wer Jesus als Gottes Sohn erkennt, soll auf ihn hören bzw. soll ihm gehorchen. Das sagt Gott hier, und das hat auch Jesus seinen Jüngern immer wieder gesagt: *„Wenn ihr mich liebt, so werdet ihr mei-*

118 2. Mose 13,21-22

119 2. Mose 33,5

120 2. Mose 24,15-18

121 2. Mose 40,34-38

122 Matthäus 17,5

123 Matthäus 3,17

124 5. Mose 18,15. Siehe auch Johannes 1,45.

ne Gebote halten." Oder: „*Wer meine Gebote hat und sie hält, der ist es, der mich liebt.*"[125] Ein Mann oder eine Frau Gottes sind daran zu erkennen, dass sie ihren Weg mit Gott gehen und sich von ihm sagen lassen, wohin es geht und was zu tun ist. Wer mit Gott leben will, wer in ihm bleiben will, der muss auch im Wort Gottes bleiben bzw. danach leben. Wie es Mose und Elia taten. Wie es Jesus tat.

Der Bericht der Verklärung Jesu endet mit der Mitteilung, dass Gott noch sprach, als Mose und Elia schon verschwunden waren. Jesus ist daraufhin mit Johannes, Jakobus und Petrus zu den übrigen Jüngern zurückgekehrt. Er hat den drei aufs Herz gelegt, dass sie bis nach seiner Auferweckung von den Toten mit niemandem über ihre Erlebnisse am Berg reden dürften.

Matthäus und Lukas berichten, dass die Jünger Jesus beim Herabsteigen des Berges erneut gefragt haben, wie sie das mit Elia sehen sollten. Als Jesus ihnen sagte, dass Elia schon gekommen war, aber nicht erkannt wurde und leiden musste, wie auch er selbst leiden würde, war den Jüngern klar, dass Jesus von Johannes dem Täufer sprach, der wie sein Meister auch nicht verstanden oder erkannt und dann umgebracht wurde.[126]

Tatsächlich haben die drei, die Jesu Verklärung miterlebten, kein Wort darüber gesprochen. Erst Jahre nach Jesu Tod und Auferstehung schreibt Petrus in seinem zweiten Brief über die Verklärung Jesu. Der Apostel hat diese Erfahrung bis zu seinem Tod in seinem Herzen mitgetragen: „*Wir sind Augenzeugen seiner herrlichen Größe gewesen.*"[127]

JESUS, GOTTES SOHN

Auf die herrliche Erfahrung der Verklärung Jesu folgt die Konfrontation mit einem Menschen, der von einem bösen Geist besessen ist: Man landet wieder auf dieser Erde. In Lukas 9,51 lesen wir, dass Jesus

---

125 Johannes 14,15 und 21
126 Matthäus 17,10-13
127 2. Petrus 1,16

sein Angesicht fest darauf richtet, nach Jerusalem zu gehen. Die Tage erfüllen sich, es ist Zeit, um die letzte Strecke seines Weges zu vollenden.

Noch einmal kommt Elia zur Sprache, und zwar, als Jesus am Kreuz hängt und ausruft: *„Elí, Elí, lemá sabachtháni?"* *(„Mein Gott, mein Gott, warum hast du mich verlassen?")* Einige der Umstehenden merken auf, dass Jesus Elia ruft. Einer von ihnen nimmt einen Schwamm, füllt ihn mit Essig, steckt ihn auf ein Rohr und gibt Jesus zu trinken. Die Übrigen, die zuschauen, sagen: *„Lasst uns sehen, ob Elia kommt, ihn zu retten!"*[128] Noch immer sind die Menschen blind für die Dinge, die geschehen sind, und damit auch für die Identität Jesu. Nur einige wenige kommen noch auf Golgatha zur Einsicht.[129]

Und wir?

Während für viele Juden bis heute die Wiederkunft Elias aussteht, erwarten Christen und messianische Juden die Wiederkunft Jesu. Nach seiner Auferstehung hat Jesus seine Jünger dazu beauftragt, in die Welt zu gehen und ihn zu verkündigen. Wir, die wir im 21. Jahrhundert leben, haben die Verantwortung, in die Fußstapfen der ersten Christen zu treten und das Evangelium Jesu Christi zu verkündigen. Bis heute sind Menschen wie sie und Menschen wie Elia gefragt. Männer und Frauen, die mit Gott wandeln und die Beter sind. Menschen, die sich von Gott in Bewegung setzen lassen, die der Welt sagen, dass sich jeder entscheiden muss, wem er dienen will. Menschen, die es wagen, die modernen Götzen zu entlarven und zur Buße aufzurufen. Menschen, die bereit sind, gegen den Strom zu schwimmen, auch wenn es sie viel oder alles kostet. Möge es so sein, dass wir mit Elia sagen können: *„Ich bin einer, der vor Gott steht."*

---

128 Matthäus 27,46-49
129 Matthäus 27,54

Fragen zu Kapitel 17

1. Die jährliche Sedermahlzeit am Vorabend zum Pesachfest zeigt uns, wie wichtig das Erinnern in der jüdischen Tradition ist. Die Speisen, die bei diesem Mahl angeboten werden, sind Symbole für die Erfahrungen des Volkes Gottes in den Jahren ihres Sklavendienstes in Ägypten und während ihres Auszugs. Warum sollten auch wir uns erinnern? Was hat uns die Geschichte Gottes mit seinem Volk heute zu sagen?

2. Der Apostel Paulus, der zum Dienst unter Nicht-Juden berufen war, hat sehr darunter gelitten, dass der Großteil seines eigenen Volkes Jesus nicht als Messias erkannte. Er schreibt, dass Gottes Volk sich „gestoßen hat an dem Stein des Anstoßes (d. h. Jesus) und verstockt und verhärtet ist" (Römer 11,7-8 und 9,32). Aus Römer 10,1-4 spricht sein großes Verlangen: „Brüder! Das Wohlgefallen meines Herzens und mein Flehen für sie zu Gott ist, dass sie gerettet werden (…) Denn das Endziel des Gesetzes ist Christus, jedem Glaubenden zur Gerechtigkeit." Paulus hofft, dass er „auf irgendeine Weise sie, die mein Fleisch sind, zur Eifersucht reizen und einige aus ihnen retten möge" (Römer 11,14; siehe auch Vers 11). Kennen Sie dieses Verlangen von Paulus, dass Gottes geliebtes und auserwähltes Volk zum Glauben an Jesus findet? Wie zeigt sich das?

3. Lesen Sie Lukas 9,18-22. Jesus fragte seine Jünger, was sie von ihm hielten. Welche Antwort würden Sie jemandem geben, der Sie danach fragt, wer Jesus ist? Wohlgemerkt: Es geht nicht darum, wer Jesus für Sie ist, sondern wer Jesus ist!

4. Am Berg der Verklärung sagt Gott, dass man auf Jesus hören soll. Wie äußert sich in unserem Leben der Gehorsam Jesus gegenüber? Inwiefern hat die Bibel das Sagen in unserem Leben? Siehe Johannes 14,15.21.23.24.

   In welchen Bereichen unseres Lebens fällt es uns schwer, Gott ganz zu gehorchen?

5. Das Vollbringen seines Auftrages auf dieser Erde war ein harter Kampf für Jesus. Er war aber nicht allein. Zwar tat Satan alles Mögliche, um ihn zu entmutigen, es kamen aber auch Ermutigung und Stärkung aus dem Himmel. In der Wüste waren es Engel, die Jesus dienten (Matthäus 4,11), am Berg der Verklärung waren es Mose und Elia (u. a. Matthäus 17,3), im Garten Gethsemane war es ein Engel (Matthäus 22,43).

   Lesen Sie diese Texte und schauen Sie nach, was Jesus selbst in diesen Situationen tat. Was können wir von ihm lernen?

6. Bis heute sind Menschen wie Elia in unserer Welt gefragt. Lesen Sie Lukas 10,2-3.

ELIA

Elia war ein Mensch wie wir,
er kannte Schwächen und Emotionen.

Er war ein Mann des Gebets.
Die Gemeinschaft mit Gott war seine Lebensader.

Er wurde in dem Hinterland Gilead von Gott gefunden und gerufen.
Gott hatte Großes mit ihm vor.

Er war ein Mann, der bereit war auszufliegen;
er verließ seine vertraute Heimat, weil Gott ihn rief.

Er stellte sich Ahab vor als „der Mann, der vor Gott steht".
Er war sich seiner Identität bewusst.

Er war ein Mann, der die Stille kennenlernte,
am Bach Krit, allein unterwegs in der Wüste oder am Berg Horeb.

Er war ein Mann, der es nicht nötig hatte,
groß zu sein und gesehen zu werden.

Er war ein Mann, der sein Vertrauen auf Gott setzte.
Er hatte den Mut, es mit Hunderten falscher Propheten aufzunehmen.

Er war ein Mann, der Gott bedingungslos gehorchte, auch dann,
als Unangenehmes und Gefährliches auf ihn wartete.

Er war ein Mann, der Gottes Botschaft überbrachte,
ohne sie anzupassen, um sie für seine Zuhörer angenehmer zu machen.

Elia war ein Mensch, der bereit war, gegen den Strom zu schwimmen, auch wenn das Einsamkeit, Ablehnung und Verfolgung beinhaltete.

Möge es so sein, dass in unserer Welt Menschen wie Elia nie fehlen werden.

Der Gott der Bibel segne uns und setze uns zum Segen.

Soest NL, Februar 2012

Ein inspirierender Bildband von Noor van Haaften

Ich suche Dein Angesicht
Gott im Alltag erleben
ISBN 978-3-86827-272-7
durchgehend farbig
80 Seiten, gebunden

„Die wichtigsten Lektionen im Stundenplan der königlichen Akademie für Kinder Gottes finden in der Stille statt." Anhand von biblischen Figuren wie David, Elia oder Esra entfaltet die niederländische Autorin Noor van Haaften, wie Gott in der Stille Menschen begegnet und so die tiefste Sehnsucht des menschlichen Herzens erfüllt. Lassen Sie sich von den biblischen Texten – einfühlsam nacherzählt – und dem persönlichen Erleben der Erfolgsautorin mitnehmen auf einen Weg zum Herzen Gottes.

Ein wunderschönes Buch, das zum Nachdenken anregt, Sehnsucht nach Gott weckt und dazu einlädt, eine Antenne für den Himmel zu entwickeln.